www.tredition.de

AF178912

Roland Greis

Zum Fliegen geboren

Erziehung und selbstbestimmtes Wachstum

www.tredition.de

© 2021 Roland Greis

Verlag und Druck:
tredition GmbH, Halenreie 40-44, 22359 Hamburg

ISBN
Paperback: 978-3-347-24292-0
Hardcover: 978-3-347-24293-7
e-Book: 978-3-347-24294-4

Das Werk, einschließlich seiner Teile, ist urheberrechtlich geschützt. Jede Verwertung ist ohne Zustimmung des Verlages und des Autors unzulässig. Dies gilt insbesondere für die elektronische oder sonstige Vervielfältigung, Übersetzung, Verbreitung und öffentliche Zugänglichmachung.

Für Katrin, Robin, Kian und Jan,

von denen ich viel gelernt habe

INHALT

VORBEMERKUNG

Dieses Buch ist ein Versuch, einige der Prinzipien und Entwicklungsgesetze zu beschreiben, nach denen sich menschliches, das heißt vor allem geistiges Wachstum vollzieht. Wer diese Zusammenhänge versteht, kann zum bewussteren Gestalter der eigenen Entwicklung werden und auch die anderer Menschen positiv beeinflussen.

Die ersten Kapitel sollen vor allem Eltern helfen, das Wunder der Entwicklung ihres Kindes mit Verständnis zu begleiten und zu unterstützen. Was am Beispiel kindlicher Reifung erläutert wird, ist aber auch anwendbar auf die Situation des Erwachsenen, denn die gleichen Gesetzmäßigkeiten gelten für ihn.

Der enge Zusammenhang zwischen Erziehung und Selbsterziehung wird dadurch begründet. Nur wenn und in dem Maße wie wir als Erzieher unser eigenes Verhalten durchschauen und steuern können, werden wir die Entwicklung der nachwachsenden Generation positiv beeinflussen.

Die einzelnen Kapitel bauen aufeinander auf. Da die Entwicklung menschlicher Fähigkeiten ein organischer Prozess ist, der sich mit dem Begriff der Vernetzung erfassen lässt, werden in den einzelnen Kapiteln auch immer wieder Bezüge zu anderen Abschnitten hergestellt, um Wechselwirkungen aufzuzeigen. Dadurch ist es möglich, Teile des Buches auch unabhängig voneinander als Orientierungshilfe zu verwenden.

Die 19 Kapitel werden jeweils durch einen Text eingeführt, der auf einer bildhaft-symbolischen Ebene einen ganzheitlichen Zugang zum Verständnis eröffnen soll.

Dieses Buch versucht nicht Rezepte zu liefern, nach denen sich geistiges Wachstum automatisch ereignet. Dies würde dem Wesen seines Gegenstandes widersprechen. Ein besseres Verstehen der Lebensgesetze ist die Voraussetzung für ihre Verwirklichung im aktiven Handeln, bei der Erziehung und Selbsterziehung. Wieweit dies gelingt, wird vom bewussten und ausdauernden Bemühen des Einzelnen, von seiner Kreativität und Willenskraft abhängen.

Ich habe versucht einen Weg zu beschreiben und einige Wegweiser anzubringen und hoffe, damit Türen zu öffnen und Mut zu machen, dass es sich lohnt, sich auf den Weg eines selbstbestimmten Lebens zu begeben.

Roland Greis

O Sohn des Geistes!

Edel erschuf Ich dich, du aber hast dich selbst erniedrigt. So erhebe dich zu dem, wozu du erschaffen wurdest.

Bahá´u´lláh

Verborgene Worte, arabisch 22

Er ist dreieinhalb Jahre alt. Ein Tag im Sommer. Aus dem Vorgarten dringen merkwürdige Geräusche.

Es klingt wie Anfeuerungsrufe, unterbrochen von Lauten der Enttäuschung. Ich gehe nachsehen. Er springt immer wieder hoch, schlägt bei jedem Satz mit den Armen. Er ist nackt. In seinem Po steckt eine Truthahnfeder. Bei jedem Sprung wippt sie auf und ab. „Warum machst du das?" „Weil ich fliegen will!"

1

DAS STREBEN NACH VERVOLLKOMMNUNG

Wer die Entwicklung eines Kleinkindes beobachten konnte, ist fasziniert von der ungeheuren Energie, mit der neugeborene Menschen den Prozess ihrer Entwicklung ergreifen. Sie können fast nichts, wenn sie auf die Welt kommen. Außer dem Greif- und dem Saugreflex und der Fähigkeit, Mangelgefühle durch Schreien auszudrücken haben sie eine Fähigkeit, die aus dem hilflosesten aller Geschöpfe das werden lässt, was die einzigartige Stufe des Menschen ausmacht: Den Drang zu lernen und sich selbst zu vervollkommnen.

So stark ist dieser Trieb, dass Kinder, die man hindert, ihm zu folgen, verkümmern und sterben, selbst wenn sie mit physischer Nahrung ausreichend versorgt werden. Dies kann man nur verstehen, wenn man den Menschen als geistiges Wesen erkennt. Seine Geistigkeit drückt sich in der Sehnsucht nach Weiterentwicklung aus, einer Entwicklung, die ihn schrittweise über die Stufe des Tieres hinaushebt. Das Ziel dieses Dranges ist ihm nicht bewusst, aber dennoch läuft die Entwicklung immer nach den gleichen Gesetzmäßigkeiten ab.

Zunächst werden motorische Fähigkeiten geübt, das Greifen, Sichdrehen, Robben, Sitzen, Sichaufrichten und schließlich das Gehen. Erst wenn durch unermüdliches Wiederholen dies beherrscht wird, beginnt das Kind sich die Sprache zu erobern. Das körperliche Begreifen geht dem geistigen voraus.

Aufgabe der Erzieher ist es, diesen Gesetzmäßigkeiten Rechnung zu tragen und das Kind bei der Absolvierung seines Lernprogrammes zu unterstützen. Zwei Dinge braucht ein Kind: Feste Bezugspersonen, die ihm das Gefühl von Sicherheit und Vertrauen geben und eine Umgebung, die seinem Lerndrang entspricht. Vor allem braucht es Raum für seine nur von Schlafpausen unterbrochenen Aktivitäten. Wer Kinder, statt sie ihre Welt selbst erobern zu lassen, frühzeitig vor den Fernseher setzt und damit zu passivem Konsum verurteilt, lähmt damit ihre Entwicklungsenergie. Das Ergebnis sind unzufriedene, häufig aggressive Kinder, die es immer mehr verlernen, selbständig aktiv zu werden und Befriedigung von außen statt von innen herzustellen suchen. Planloses Konsumverhalten und eine größere Empfänglichkeit für Suchtmittel werden so eingeübt.

Man kann das Streben nach Vervollkommnung als eine zielgerichtete Kraft verstehen, die sich nicht ungestraft behindern und eindämmen lässt. So wie ein Fluss dem Meere zustrebt und Hindernisse beiseite räumt oder sich einen neuen Lauf bahnt, so sucht sich auch die Entwicklungsenergie eines Menschen andere Wege, wenn man sie hindert in der ihr gemäßen Weise tätig zu sein. Wird die geistige Natur eines Menschen missachtet, so verwandelt sie sich oft in ein destruktives oder selbstzerstörerisches Potential.

Die geeignete Erziehung gibt dem Kind die geistige Nahrung, die seine sich entfaltende Seele braucht, um sich im Einklang mit den Gesetzen der Schöpfung zu entwickeln. Fehlt diese Nahrung, so gerät das geistige Streben leicht auf Irrwege, es verkümmert und richtet sich auf andere Gegenstände, meist auf materielle Dinge. Machtgier und Habsucht, blinder Egoismus sind die späten Früchte solch fehlgeleiteter Entwicklung. Das Streben nach Höherentwicklung versandet im Wunsch nach mehr.

Der Wunsch zu verstehen erwacht bei Kindern, sobald sie in der Sprache eine Möglichkeit gefunden haben, ihre Wahrnehmungen begrifflich zu fassen. Das Verstehenwollen ist dabei eng verknüpft mit dem Drang zur Tat, aus dem sich ja das Begreifen im Doppelsinne entwickelte. Unermüdlich können Kinder mit neuen Gegenständen arbeiten, bis sie ihre Gesetzmäßigkeiten erfasst haben und damit umgehen können. Eine kindgerechte Erziehung trägt dem Drang zum Experimentieren Rechnung. Sie gibt dem Kind Spielsachen, eigentlich Arbeitsmaterial, das in seiner Funktion begreifbar ist.

Am ungeeignetsten sind Gegenstände, die auf Knopfdruck ein Programm abspulen und das Kind zur Passivität verurteilen. Aktivität ist das Geheimnis jeder Weiterentwicklung, passiver Konsum der Anfang aller Abhängigkeit. Das beste Spielzeug ist daher einfach aber vielseitig verwendbar. Es fordert die Phantasie und fördert das Entdecken immer neuer Verwendungsmöglichkeiten.

Die zweite Hauptquelle geistigen Wachstums ist das Verhalten der Erzieher. Sie müssen vor allem glaubwürdig sein, das heißt ihre Worte und Taten dürfen nicht im Widerspruch stehen. Kleine Kinder lernen vor allem durch Nachahmung. Was die Erzieher tun, hat daher eine weit größere Wirkung als das, was sie sagen. Erziehung setzt beim Erzieher Selbsterziehung voraus. Denn die Erzieher können sicher sein, dass alle ihre Schwächen genauso auf ihre Kinder wirken wie ihre positiven Eigenschaften.

Vertrauen entsteht, wenn das Kind den Erwachsenen auch in seinem Ringen um Selbsterziehung erlebt. Dies fordert vom Erwachsenen vor allem die Fähigkeit, Fehler zugeben zu können und beheben zu wollen. Die Angst Fehler zu machen und die Angst Fehler zuzugeben sind zwei Haupthindernisse jeder Entwicklung. Versuch und Irrtum, Einsicht und neuer Versuch sind die Schritte, in denen Entwicklung sich vollzieht. Nachhaltiges Lernen findet da statt, wo das Kind, aber auch der Erwachsene die Möglichkeit hat, aus eigener Praxis Schlüsse zu ziehen. Der Versuch einem Kind Erfahrungen vorzuenthalten und es stattdessen mit Erklärungen abzuspeisen, die sein Begriffsvermögen übersteigen, ist immer kontraproduktiv.

Geistiges Wachstum lebt von Herausforderungen. Weise Erzieher geben Aufgaben, die schwieriger sind als das bisher Beherrschte aber nicht so kompliziert, dass sie das Durchhaltevermögen überfordern.

Vor allem aber nehmen sie eine Haltung dem Kind gegenüber ein, die dieses in seinen Bemühungen bestätigt.

Kindern ist oft nicht bewusst, warum sie etwas tun. Sie folgen einem unsichtbaren Entwicklungsplan und gehen dabei instinktiv pädagogisch vor, indem sie sich schrittweise Fertigkeiten aneignen. Dabei brauchen sie nur Anregungen, aber kein festgelegtes Schulungsprogramm, das sie einengt. Sie müssen selbst wählen können, welche Schritte sie in welcher Reihenfolge angehen. So bleibt die Lust am Tun erhalten.

Das gleiche Prinzip ist auch auf die Selbsterziehung Erwachsener übertragbar. Schwächen in Stärken zu verwandeln fällt leicht, wenn man sich Pläne macht, in welchen Einzelschritten man ein Ziel erreichen will. Wer die einzelnen Etappen vor Augen hat, wird leichter den Mut aufbringen, sich auf den Weg zu machen. Wer immer auf die Gesamtentfernung starrt, die vom Ziel trennt, wird schnell mutlos. Auch hier sollten die Einzelaufgaben so begrenzt sein, dass sie in einem dem augenblicklichen Durchhaltevermögen angepassten Zeitraum erfüllt werden können. Wer ein Brot essen will, wird nicht versuchen, es als Ganzes hinunter zu schlingen, sondern Bissen für Bissen in Angriff nehmen und dadurch genießen können.

Freude an der Bewältigung von Aufgaben ist in jedem Alter das wichtigste Mittel zur Selbstmotivation. Geht sie verloren, was im Alltag nicht selten geschieht, so bedarf es großer Willensanstrengungen. Willenskraft aber kann man planmäßig stärken. Durch regelmäßiges tägliches Üben wird es immer leichter, sich zu überwinden. Regelmäßigkeit ersetzt Anstrengung. In diesem Satz steckt das Geheimnis der Willensbildung und damit der Schlüssel zum Erfolg. Wer etwas in regelmäßigem Rhythmus tut, wird schnell erfahren, dass es ihm immer leichter fällt. Nichts stärkt den Willen mehr als tägliches, möglichst lustvolles Bemühen um erreichbare Teilziele. Dadurch lernt schon das Kind eine der Quellen der Zufriedenheit kennen: Es erfährt den Zusammenhang zwischen Bemühung und ihren Früchten.

Besonders beim Erlernen eines Musikinstrumentes oder anderer künstlerisch-kreativer Tätigkeit wird dieser Zusammenhang vom Kind erlebt: Die Erkenntnis, dass regelmäßiges Üben erstaunliche Früchte trägt. Es überrascht daher nicht, dass künstlerisch tätige Kinder und Jugendliche meist auch bessere Schulleistungen erbringen. Sie haben gelernt, dass Fähigkeiten in Kleinarbeit erworben werden müssen und dass dem Lohn die Arbeit vorausgeht.

Betrachte den Menschen als ein Bergwerk, reich an Edelsteinen von unschätzbarem Wert. Nur die Erziehung kann bewirken, dass es seine Schätze enthüllt und die Menschheit daraus Nutzen zu ziehen vermag.

Bahá´u´lláh

Ährenlese, S. 227

Der Mensch ist sowohl menschlich als auch göttlich. Das Göttliche in ihm ist ewigwährend und von unendlichem Wert. Das Menschliche ist vergänglich, das Göttliche unvergänglich. Das Gute in ihm kommt von Gott.

Taoismus

Gott schuf den Menschen, auf dass dieser Ihn auf Erden vertrete. Der Mensch ist Gottes Stellvertreter auf Erden.

Islam

Er war nie ein guter Schüler gewesen. Seine Deutscharbeiten waren immer so, dass es langer Überlegung bedurfte, sie noch ausreichend zu nennen. Manchmal half auch das längste Nachdenken über ihre möglichen Vorzüge nicht. Ich konnte seine Enttäuschung körperlich spüren, wenn er so eine Arbeit zurückbekam. Dann wurde die letzte Arbeit vor den Zeugnissen geschrieben, die Arbeit, von der seine Versetzung abhing.

In der Stunde davor hatte ich plötzlich eine Idee. Vor der Klasse sprach ich ihn an: „Ich wette, dass du die nächste Arbeit gut schreiben wirst." Er schaute mich an, als habe er sich verhört. Ich wiederholte den Satz und sah ihm in die Augen. Er lächelte ein wenig verlegen, aber er sah mich an. Die Arbeit, die er am nächsten Tag schrieb, hatte nur an einem Punkt eine Schwäche in der Argumentation. Ich verglich sie lange mit den anderen, um nicht meiner eigenen Prophezeiung auf den Leim zu gehen. Aber sie war eindeutig eine der besten, eine wirklich gute Arbeit.

2

WERTSCHÄTZUNG UND ERMUTIGUNG
FÖRDERN WACHSTUM

In allen Hochreligionen wird der Mensch als Ebenbild Gottes gesehen. Das bedeutet eine ungeheure Ermutigung, aber auch eine Verpflichtung. Wenn ich erkenne, dass jeder Mensch unbegrenzte Möglichkeiten der Weiterentwicklung hat, fällt es leichter ihm gegenüber eine Haltung der Wertschätzung einzunehmen. Gleichzeitig wird es schwerer, die eigenen Unzulänglichkeiten als Rechtfertigung anzusehen, nichts daran zu ändern. Selbsterziehung wird zur Verpflichtung und dringenden Aufgabe. Erziehung kann als Beitrag verstanden werden, ein menschliches Wesen nicht nur auf das Leben in der Gesellschaft vorzubereiten, sondern auch ihm die Möglichkeit zu geben, sein in ihm liegendes Potential zu entfalten.

Alle Hochreligionen betonen die Unsterblichkeit der Seele. Dieser Gedanke ist eng verknüpft mit dem der Weiterentwicklung. Eine Entwicklung, die an ihrem Höhepunkt mit ihrer Auslöschung im Tod endete, wäre absurd. Eine solche Vorstellung, wie sie atheistischen Denkmodellen zugrunde liegt, kann das menschliche Leben nur als sinn- und zwecklos ansehen. Jede Bemühung um Entwicklung wäre unter dieser Voraussetzung nutzlos. Ist die Seele aber unsterblich, so macht Entwicklung Sinn. Selbst wenn ich nur egoistische Motive habe, folgt daraus, dass ich mich um Fortschritt bemühe, denn dieser kommt mir selber zugute. Und zwar nicht erst im Jenseits. Denn in der menschlichen Entwicklung ist Bemühen die Wurzel am Baum des Lebens, der die Früchte des Glücks und der Zufriedenheit trägt. Ich muss etwas tun, damit das Gesetz des Wachstums Früchte hervorbringen kann. Und der Mensch, der sich im Diesseits bemüht, Gott ähnlicher zu werden, trägt dazu bei, bereits diese Welt in einen Ort zu verwandeln, in dem der Geist der Verbundenheit spürbar wird.

Betrachtet man die Art und Weise, wie sich Entwicklung vollzieht, so wird erkennbar, dass sie Gesetzmäßigkeiten folgt. Wachstum bleibt oft lange Zeit unsichtbar, bis es sich in einem qualitativen Sprung bemerkbar macht. Ein Topf mit Wasser muss lange Zeit erhitzt werden, bis das Wasser plötzlich zu sprudeln beginnt und sich in Dampf verwandelt. Im Bereich geistigen Wachstums, bei der Entwicklung menschlicher Fähigkeiten, wird durch wiederholtes Üben die Grundlage für den Sprung auf eine höhere Stufe gelegt. Wer dieses Gesetz nicht kennt, verliert oft zu früh die Geduld und gibt auf. Lange Zeit scheint das Üben keine sichtbaren Fortschritte zu bringen und man beginnt am Sinn der Übung zu zweifeln. Dann plötzlich und unerwartet ist die mühsam erworbene Fähigkeit verfügbar.

Wenn ein Kind gehen lernt, kann man das Glücksgefühl, das eine neue Fähigkeit auslöst, sichtbar erleben. Es gibt keine stärkere Motivation für die Arbeit an sich selbst als dieses Gefühl im doppelten Sinne gewachsen zu sein. Ermutigung verstärkt dieses Gefühl und gibt in der Phase übender Bemühung den Mut durchzuhalten, bis das Ziel erreicht ist. Ermutigung vermittelt das Vertrauen in die Fähigkeit, sich selbst zu entwickeln und zu vervollkommnen. Ein Kind dieses Vertrauen gewinnen zu lassen ist das größte Geschenk, das Eltern geben können. Dieses Selbstvertrauen ist ein wesentlicher Bestandteil der Menschenwürde.

Sogenannte Versager sind nicht Menschen mit geringeren Fähigkeiten, sondern meist solche, die häufig Entmutigung erfahren haben, bis sie daran zu glauben begannen, dass sie nichts fertig bringen. Versager werden erzogen und zwar durch Eltern, die ihre Kinder vor jedem möglichen Schaden und Irrtum zu bewahren versuchen und ihren Kindern nichts zutrauen. Sie werden erzogen von Eltern, die ihr Kind gering schätzen, es für ein unfähiges, hilfloses Wesen minderer Qualität halten. Der Gedanke, dass Kinder erst zu Menschen gemacht werden müssen, hat ganze Generationen an der Entfaltung ihres Potentials gehindert und hierarchischen Strukturen den Schein des Natürlichen, des Lebensnotwendigen gegeben. Blinder Gehorsam, Unselbständigkeit, Unterordnung, Selbstverachtung und Aggressivität sind die zweifelhaften Tugenden, die solches Denken hervorbringt.

Erkennt man den Menschen als „ein Bergwerk reich an Edelsteinen", als eine „Schatzkammer" göttlicher Eigenschaften, so ist man gezwungen, die alten

Vorstellungen von Erwachsensein und Kindsein in Frage zu stellen. Junge und alte Menschen werden wahrnehmbar als Wesen, die auf unterschiedlichen Gebieten und in verschiedenem Maße Fähigkeiten entwickelt haben, als Wesen, die Achtung und Wertschätzung verdienen und brauchen, um sich optimal entwickeln zu können. Und plötzlich können beide Seiten, Jung und Alt, von dieser veränderten Sicht profitieren. Eine Jugend, die sich anerkannt und ernst genommen fühlt, hat es nicht mehr nötig, sich gegen ein Alter aufzulehnen, das als Quelle der Ermutigung erfahren wird. Der Generationenkonflikt, das Produkt eines hierarchischen Denkens, wird lösbar.

Welche Bereicherung für alle Beteiligten, wenn man sich gegenseitig nicht mehr als Problem, sondern als Impulsgeber sehen kann! Jugend kann vom Alter eine tiefere Einsicht in die Gesetze des Lebens erfahren, die Älteren können von der Jugend wieder lernen, die Welt mit neuen Augen zu betrachten und mit kreativer Unbekümmertheit an Probleme heranzugehen und eingefahrene Denkmuster zu überwinden.

Gegenseitige Ermutigung und Wertschätzung sind die Früchte eines Menschenbildes, das den Menschen als Ebenbild Gottes sieht, als ein Wesen, ausgestattet mit einer unsterblichen Seele, die in alle Ewigkeit unterwegs ist auf dem Pfade der Selbstvervollkommnung und die ihre Zeit nutzt, um Fähigkeiten zu entwickeln, die ihr auch nach diesem irdischen Aufenthalt von Nutzen sein werden.

So wie der Embryo bereits im Mutterleib Gliedma-ßen und Sinnesorgane ausbildet, die erst nach seiner Geburt zur vollen Entfaltung kommen und ihren Sinn erhalten, so können wir dieses Leben als eine Phase betrachten, in der wir geistige Eigenschaften entwickeln, die bereits hier und jetzt unser Dasein reicher machen, deren wahrer Sinn aber erst erfahrbar sein wird, wenn wir die Schwelle zu geistigen Welt überschritten haben.

Wache über dich selbst und folge nicht den Fußstapfen dieser Leute! Denke sorgfältig nach über die Sache deines Herrn. Strebe danach, Ihn durch Sein eigenes Selbst und nicht durch andere zu erkennen.

Bahá´u´lláh

Ährenlese 76:9

Er ist neun Jahre alt. Morgens war er nur kurz in der Küche, um sich etwas zu essen zu holen. Als er zur Mittagszeit noch immer nicht aus seinem Zimmer kommt, gehe ich hinunter. Der Boden ist bedeckt mit elektronischen Einzelteilen, von denen ich nichts verstehe. Dazwischen eine Laubsäge, Sperrholzteile und Solarzellen. „Was machst du da eigentlich?" „Ich baue eine solargetriebene Hebevorrichtung." „Und du meinst, dass du das hinkriegst?" Er nickt ohne aufzuschauen. „Also, ich kann mir nicht vorstellen, wie das funktionieren soll." „Wart's ab." Mein gut gemeinter Rat, der ihn vor Enttäuschung bewahren sollte, wird ignoriert. Glücklicherweise.

Irgendwann am Nachmittag holt er sich das inzwischen kalte Mittagessen. Gegen zehn Uhr abends, es sind Ferien, das erste Lebenszeichen. „Ihr könnt jetzt runterkommen!" Gespannt betreten wir das Zimmer. In der rechten Hand hält er eine merkwürdige Konstruktion. Mit der Linken richtet er das Licht der Nachttischlampe auf die Solarzellen. Der Elektromotor macht ein leises Geräusch, der vordere Hebelarm bewegt sich im Gelenk abwärts. Er setzt die Lampe ab, hängt ein Gewicht in den Haken am Ende des Holzarms, hält das Licht wieder über die Solarzelle und der Arm hebt das Gewicht in die Höhe.

„Und was sagt ihr jetzt?" Wir sind sprachlos. Er hat seit acht Uhr morgens vierzehn Stunden fast ohne Unterbrechung an seiner Erfindung gearbeitet. Auf dem Teller sind noch Reste des Mittagessens. Dafür war noch keine Zeit. Am Boden liegen mehrere zerbrochene Holzstücke und Gelenkteile aus Draht, Zeugen fehlgeschlagener Versuche.

3

ENTSCHEIDUNGSFREIHEIT ODER DIE BEDEUTUNG
DER SELBSTÄNDIGEN SUCHE NACH WAHRHEIT

Jeder Mensch ist einzigartig. Deshalb kann Erziehung kein schematischer Prozess sein, in dem mit gleichen Maßstäben gemessen und nach immer den selben Rezepten verfahren wird. Erziehung erfordert Flexibilität und Einfühlungsvermögen, die Fähigkeit auf unerwartete Situationen angemessen zu reagieren.

Dennoch gibt es einige psychologische Grundgesetze, deren Kenntnis schwere Fehler vermeiden hilft.

Eines davon besagt, dass die menschliche Einzigartigkeit zu ihrer Entfaltung Entscheidungsfreiheit benötigt. Erzieher, die das sich entfalten wollende Kind in ein Korsett elterlicher Vorstellungen und Wünsche zu pressen versuchen, werden gerade das Potential der Einzigartigkeit zunichte machen und die Menschheit einer unwiederbringlichen Chance der Bereicherung berauben. Aus diesem Grund haben Zeitalter, in denen feste Vorstellungen herrschten, wie jeder Mensch zu sein habe und Erziehung als dogmatische Zwangsvollstreckung stattfand, sich als so außerordentlich unfruchtbar in Hinblick auf neue Ideen gezeigt.

Um Missverständnissen vorzubeugen: Das Kind braucht einen festen Rahmen, Grenzen, die es hindern, sich selbst oder anderen Schaden zuzufügen. Aber diese Grenzen dürfen nicht so eng gezogen werden, dass sie eine Entfaltung seiner einzigartigen Kräfte und Fähigkeiten unmöglich machen. Der Rahmen der Regeln gibt dem Kind den Schutzraum, in dem es selbständig experimentieren, Zusammenhänge erkennen, das Erkannte anwenden und so seine Fähigkeiten erweitern kann.

Die Einzigartigkeit jedes menschlichen Wesens erfordert zwingend, dass ihm Freiräume der Selbständigkeit gegeben werden, denn nur so kann die Entwicklung eines in seinen Eigenschaften und Qualitäten unwiederholbaren Geschöpfes stattfinden. Dies erfordert vom Erzieher die Fähigkeit über seinen eigenen Horizont hinauszuschauen. Vor allem die eigenen Ängste machen oft den Vorsatz, das Kind loszulassen, zunichte. Hier ist Selbsterziehung angesagt. Dem Kind gerecht zu werden bedeutet auch sich von der Vorstellung frei zu machen, dass das, was man als Kind selber gerne tat oder was man gerne getan hätte unbedingt für das eigene Kind erstrebenswert sein muss. Oft versuchen gerade von ihrem eigenen Lebensweg enttäuschte Eltern ihre Kinder zu Erfüllungsgehilfen ihrer eigenen Träume zu machen und tun damit der Entwicklung ihrer Kinder Gewalt an. Erzieher müssen ein Gespür dafür entwickeln, was sich im Kind entfalten will. Dafür brauchen sie Offenheit, auch die Fähigkeit, die eigenen Vorurteile zu erkennen und zu überwinden.

Dies heißt aber nicht, dass man alles unterstützen und begrüßen soll, was sich im Kinde manifestiert. Diesen scheinbar bequemen Weg hat eine moderne Erziehungsvariante beschritten und damit Schiffbruch erlitten. Indem sie Kinder ihren eigenen Wünschen und Trieben folgen ließ, in der Hoffnung, diese wüssten, was gut für sie ist, hat die Laissez-faire-Methode desorientierte, unzufriedene, häufig asoziale Egoisten hervorgebracht. Es war dies gewissermaßen ein Versuch, Erziehung ganz sein zu lassen. Es verwundert nicht, dass Kinder davon hoffnungslos überfordert wurden. Wenn man bedenkt, wie viele Irrwege ein einzelner Mensch gehen müsste, um nur ein einziges Lebensgesetz selbständig zu erkennen, wird klar, was Kindern hier zugemutet wurde. Wozu die Menschheit Jahrtausende benötigte und was heute noch zahllose Erwachsene trotz der von den großen Religionen gegebenen Impulse nicht begreifen können, das erwartete man von der Selbstreflexion unfähigen Kindern. Geht es doch in der Frühphase der Erziehung bereits um die Grundaufgabe jedes Individuums, nämlich darum die eigenen egoistischen Bedürfnisse mit den Bedürfnissen der Gemeinschaft ins Gleichgewicht zu bringen.

Die Schwierigkeit für den Erzieher besteht gerade darin, die Grenzen zwischen gesunder Eigenart und asozialem Egoismus zu erkennen und das Kind mit den Regeln und Gesetzen vertraut zu machen, deren Einhaltung seine und die Entfaltungsmöglichkeiten Anderer garantiert. Dabei ist es wichtig, das Kind soweit es geht erfahren zu lassen, wozu die Gemeinschaftsregeln da sind, welche Folgen ihre Verletzung nach sich zieht. In den ersten Jahren, in denen sich Kinder am elterlichen Vorbild orientieren, besteht die Hauptaufgabe darin, sich selbst an die Regeln zu halten und bei günstiger Gelegenheit zu zeigen, warum diese für alle gelten müssen.

Im Laufe der Jahre wird dadurch beim Kind der Eindruck entstehen, in eine sinnvolle Ordnung hineinzuwachsen, die allen Beteiligten Sicherheit und damit die Möglichkeit zur optimalen Selbstverwirklichung bietet. Damit dieser Eindruck auch nach dem Erwachen des selbständigen Denkens erhalten bleibt, müssen die Regeln klar und einleuchtend und unentbehrlich sein.

Auf Zwang und Druck zu verzichten, wird in dem Maße leicht fallen, in dem die dem Kind vermittelten Regeln als natürliche Gesetze erkennbar werden. Natürliche Gesetze sind solche, deren Verletzung automatisch Folgen nach sich zieht, so wie das Berühren des heißen Ofens Schmerzen verursacht, wodurch die Funktion der strafenden Autorität vom Erzieher auf die Situation selbst übergeht. Erfährt das Kind nicht den Erzieher, sondern die natürlichen Folgen seiner Tat als Autorität, kann es die Regel bzw. das Gesetz widerstandslos akzeptieren.

Dagegen wird es auf persönlichen Druck mit Gegendruck reagieren und die Situation gerät zum Machtkampf, der für alle Beteiligten lernbehindernd wirkt, weil es nicht mehr um das Erkennen eines Sachverhalts, sondern um Sieg oder Niederlage geht.

Die Gültigkeit von Regeln wird ein Kind nur akzeptieren, wenn auch die Erwachsenen sich daran halten und wenn sie konsequent vermittelt wird. Handeln die erziehenden Personen nicht einmütig und geben dem Kind das Gefühl, Regeln könnten von bestimmten Personen verletzt oder widerrufen werden, so handeln sie sich endlose Machtkämpfe ein und erziehen Menschen, die ihren Willen keiner Werteordnung unterwerfen und nicht über den Horizont ihrer egoistischen Wünsche hinausblicken können.

Kinder, die schon frühzeitig das Gefühl entwickeln, dass die Welt nach erkennbaren Gesetzen aufgebaut ist, werden mit dem Erwachen ihrer analytischen Fähigkeiten sich selbständig auf die Suche nach diesen Wahrheiten begeben. Sie werden zu Menschen heranwachsen, die sich aus Einsicht in das große Regelwerk einfügen. Sie werden ihre Fähigkeiten in den Dienst der von ihnen erkannten Ordnung stellen können. Und sie werden leichter den verhängnisvollen Irrtum vermeiden, das von ihnen noch nicht Erkannte für nicht existent zu halten.

Wer schrittweise erlebt, dass die intuitive Ahnung von der Ordnung der Welt durch selbständiges Forschen in Wissen verwandelt werden kann, der wird Religion und Wissenschaft nicht als sich widersprechende Dinge sehen. Er wird sein eigenes Denken nicht seinen intuitiven Kräften entgegensetzen, sondern beide als Teile des einen Wachstumsbaumes wahrnehmen, dessen Wurzeln, dem Blick verborgen, die Nahrung geben, mit der auch der sichtbare Teil aufgebaut wird.

Solche Menschen werden in beide Richtungen wachsen, sie werden ihr Wurzelwerk und ihre Krone erweitern.

Sie werden die offenbarte Welt der Religion als Aufgabe sehen, das göttliche Geschenk ihres Geistes zu erproben, zu schärfen und zu entfalten. Sie werden sich ein ganzheitliches Wissen aneignen, das die Welt heilen kann, weil es nicht mehr zu Ethik und Religion im Widerspruch steht.

Wenn der eine, wahre Gott - gepriesen sei Seine Herrlichkeit - sich den Menschen offenbart, verfolgt Er das Ziel, die Edelsteine ans Licht zu bringen, die in den Gesteinsadern ihres wahren inneren Selbstes verborgen liegen.

Bahá´u´llah

Ährenlese 132: 1

Die erste und vornehmste unter den Gaben, die der Allmächtige den Menschen verliehen hat, ist die des Verstandes. (...) Diese Gabe gibt dem Menschen die Kraft, in allen Dingen die Wahrheit herauszufinden; sie führt ihn zu dem, was recht ist, und hilft ihm, die Geheimnisse der Schöpfung zu entdecken.

Bahá´u´lláh

Ährenlese, 95

Ein junger Mann bewarb sich bei einem Meister des Zen, um die Kunst des Bogenschießens zu lernen. Dieser nahm ihn als Schüler an. Er gab ihm einen Bogen und forderte ihn auf ohne Pfeil zielen zu üben. Der Schüler wartete auf weitere Anweisung, aber der Meister nickte ihm nur aufmunternd zu.

Nach einer Woche des Übens hatte er noch immer keine Unterweisung erhalte, und so fragte er, warum dies nicht geschähe. Der Meister antwortete: „Wenn ich dir sage, wie du zielen sollst, wirst du dich selbst beobachten und dabei das Ziel aus dem Blick verlieren. Es kommt aber nicht darauf an, dass du zielst und triffst. Es geht darum, dass etwas mit dir geschieht. Dazu bedarf es der Übung. Nicht bevor du dich selbst vergessen hast, wirst du beginnen, dem Ziel näher zu kommen. Das Ziel treffen bedeutet, dass nicht du es bist, der trifft, sondern dass es mit dir geschieht. Erst wenn du eins geworden bist mit Bogen und Ziel, kann das Ziel zu treffen Erfüllung sein. Denn dann wirst du selbst zum Pfeil in der Hand des Schützen geworden sein."

4

DAS ERKENNEN GEISTIGER GESETZE:

DAS TOR ZUR FREIHEIT

Die Tatsache, dass die Welt großen Gesetzen unterworfen ist, wird wohl niemand bestreiten. Zu offensichtlich hat die Entdeckung mathematischer, physikalischer und biologischer Gesetze den technischen Fortschritt vorangetrieben. Die verhängnisvoll einseitige Entwicklung der letzten beiden Jahrhunderte hat aber dazu geführt, dass geistige Gesetzmäßigkeiten kaum noch wahrgenommen bzw. für gültig erachtet werden. Sie wurden mit einer Religion, die sich zum Gegner des wissenschaftlichen Fortschritts erklärt hatte, ins Abseits gedrängt.

Die Ethik wurde dem materialistischen Denken untergeordnet und schließlich aus dem realen Handeln verbannt.

Erst seit wenigen Jahrzehnten hat eine Wiedergeburt der Suche nach geistiger Sinngebung eingesetzt. Zu offensichtlich waren die Schäden geworden, die eine amoralische Technologie- und Profitfixiertheit angerichtet hatte.

Diese Sinnsuche verläuft aber noch überwiegend gesteuert von den jeweiligen persönlichen Bedürfnissen der Suchenden. Insofern ist diese Entwicklung Teil des Individualisierungsstrebens und nicht in erster Linie darauf gerichtet, die eigene Existenz in den großen Zusammenhang der Schöpfung einzuordnen, sondern eher darauf, sich das, was dem persönlichen Fortschritt, der persönlichen Befriedigung dient, nutzbar zu machen. Man bedient sich gewissermaßen im Angebot geistiger Wahrheiten und sucht sich das aus, was raschen Gewinn verspricht. Das Motiv, das dahinter steht, ist häufig ein egoistisches, sofern sich der Mensch nur als Konsument geistiger Wahrheiten und nicht auch als tätiger, Einfluss nehmender Teil, als Diener dieser Ordnung versteht.

Wenn die Erkenntnis göttlicher Gesetze nicht nur für den Einzelnen, sondern für die menschliche Gemeinschaft von Nutzen sein soll, dann muss sie gerade den Teil einbeziehen, der das Zusammenleben der Menschen regelt und sie muss sich auch positiv auf das Leben künftiger Generationen auswirken. Das heißt, sie muss darauf hinauslaufen, dass der erkennende Mensch sich den von ihm erkannten Gesetzen unterordnet.

Da es unmöglich sein kann, dass die Schöpfung einer kosmischen Ordnung, wie sie auch die fortgeschrittene Physik heute annimmt, für einen einzelnen Menschen geschah, da jeder Einzelne nur Bestandteil des Gesamtorganismus ist, bedeutet eine egozentrische Nutzbarmachung dieses Ganzen die Verkennung des Gesamtsinns.

Die Suche nach Erkenntnis muss also das Ziel haben, auch die Bedeutung und Funktion der einzelnen Zelle in diesem Organismus Welt zu erfassen. Wer nur das zu erkennen versucht, was seinen unmittelbaren

Wünschen zu entsprechen scheint, der wird im Grunde gar nichts erkennen, denn der Gesamtorganismus wird nicht von den Bedürfnissen einer einzelnen Zelle gesteuert. Im Gegenteil: Jede einzelne Zelle muss sich den Bedürfnissen des Gesamtorganismus unterordnen. Nur so können auch ihre Bedürfnisse erfüllt werden. Eine Zelle, die nur das nimmt, was sie braucht, aber nicht weitergibt, was andere benötigen, wird medizinisch als Krebszelle bezeichnet.

Eine solche Zelle wirkt auf ihre Umgebung und schließlich auf den Gesamtorganismus und damit auf sich selbst zerstörerisch.

Demgegenüber wird derjenige, der sich ernsthaft und nicht aus primär egoistischen Motiven um Erkenntnis bemüht, seine Bedeutung im Ganzen verstehen und sich selbst in dessen Dienst stellen können. Der Mensch wird zum Werkzeug des Schöpfers und kann dadurch konstruktiv, aufbauend, hilfreich im Sinne der Schöpfung tätig werden.

Während der oben gezeichnete Weg in die Sinnlosigkeit führt, ist dies der Weg der Erfüllung im doppelten Sinne: Der Mensch, der sich den Schöpfungsgesetzen unterordnet, erfüllt diese und wird von dieser Aufgabe seelisch erfüllt. Dieser Weg ist in allen großen Religionen als der Weg der Erleuchtung, der Weg der Gnade, der zum Glück führt, beschrieben worden.

Paradoxerweise ist dieser Weg der Unterwerfung unter die Gesetze Gottes der Weg zur Freiheit. So wie der Mensch erst fliegen lernte, als er die Gesetze des

Fliegens erkannte und sein Handeln ihnen unterwarf, so führt auch der Weg geistiger Erkenntnis über die Wahrnehmung der Gesetzmäßigkeiten, ihre Verwirklichung im Handeln zur Sinnerfüllung des Lebens.

Dies ist nichts anderes als der Weg einer ethischen Wertorientierung. Während die physikalischen Gesetze das Funktionieren der materiellen Welt regeln, liefern die geistigen Gesetze zweifach Orientierung: Für die geistige Entwicklung des Menschen und für die der menschlichen Gemeinschaft als Gesamtorganismus.

Ist die Erkenntnis physikalischer Gesetze Ziel der Naturwissenschaft, so hat die Religion von jeher die Aufgabe gehabt, das individuelle Wachstum der Menschen zu fördern und ein menschenwürdiges Zusammenleben zu ermöglichen. Alle Religionsstifter haben zu diesem Zweck einer langsam fortschreitenden Menschheit eine Fülle von ihrem jeweiligen Entwicklungsstand angepassten Grundsätzen, Regeln und Richtlinien offenbart, die die Menschen vor Irrtümern bewahren und sie davon abhalten sollten, sich selbst und der Gemeinschaft schweren Schaden zuzufügen.

Dabei hatten diese Regeln immer Empfehlungscharakter. Nie wurde die menschliche Entscheidungsfreiheit durch sie aufgehoben. Denn ohne sie wäre der Mensch eines seiner wichtigsten Attribute beraubt und zur Marionette degradiert worden. Leider haben die Führer vieler Religionen das Geschenk der göttlichen Offenbarung zum Zwangsinstrument gemacht und sie damit ihres Wesenskerns beraubt. Denn ihrem

Wesen nach ist die Religion ein Angebot an den freien Willen. Kein Gottesoffenbarer hat je mit Zwang Anhänger rekrutiert. Die Gefolgschaft beruhte immer auf Erkenntnis und Freiwilligkeit. Die Offenbarung einer religiösen Sendung hat nie die Entscheidungsfreiheit des Menschen in Frage gestellt.

Der Einzelne ist aufgefordert zu entscheiden, aber er muss auch die Folgen tragen. Denn so wie die Missachtung physikalischer Gesetze lebensgefährlich sein kann, so wird das Ignorieren geistiger Gesetze mit seelischen Qualen, geistigem Rückschritt, sozialen Problemen und gesellschaftlichem Verfall bezahlt.

Geistige Gesetze sind also die Richtschnur, das Geschenk eines liebenden Gottes, der die Menschen davor bewahren will sich selbst zu schädigen. Da dieser Schaden die menschliche Existenz, ja sogar die der Menschheit in Frage stellen kann, ist es Aufgabe und Herausforderung für jeden Menschen, diese Gesetzmäßigkeiten zu erkennen und sich danach zu richten. So wie der Mensch im Beherrschen der physikalischen Gesetze seines Körpers erst aufstehen und laufen, seine Hände zu gebrauchen lernt, so beginnen wir im Anwenden geistiger Gesetze unser Menschsein zu erfüllen.

Tao erzeugt Eins,

Eins erzeugt Zwei,

Zwei erzeugt Drei,

Drei erzeugt alle Wesen.

Alle Wesen tragen das ruhende Yin

und umfassen das bewegende Yang.

Der vermittelnde Lebensodem

bewirkt die harmonische Vereinigung.

Lao-Tse

Er geht seit elf Tagen in die Waldorfschule. Beim Frühstück sagt er plötzlich: "Hoffentlich haben wir bald länger Schule." Auf unsere fragenden Blicke fügt er hinzu: „Damit die Zeit schneller vergeht!" „Warum willst du denn, dass die Zeit schneller vergeht?" „Damit ich schneller wieder in die Schule gehen kann."

Einige Monate später, als er die Klasse betritt, ruft er seiner Handarbeitslehrerin freudig entgegen: „Jetzt wird gestrickt!" Auf ihre Nachfrage ergänzt er: „Ich muss ja schließlich zwei Tage nachholen, die ich krank war!"

5

DIE EINHEIT VON KÖRPER, SEELE UND GEIST

Wir leben in einer Welt, in der die Spezialisierung soweit auf die Spitze getrieben wurde, dass man darüber den großen Zusammenhang des Lebens vergessen hat. Wir haben Wissenschaftler, die auf ihrem Spezialgebiet Ungeheures leisten, aber aus den Augen verloren haben, dass ihre Wissenschaft einmal der Menschheit dienen sollte. Wir haben Techniker, die Vernichtungswaffen herstellen, ohne dabei in ethische Bedrängnis zu geraten.

Wir haben Mediziner, die einzelne Symptome zu kurieren versuchen, ohne den Gesamtorganismus oder gar die Psyche zu berücksichtigen und dabei Nebenwirkungen erzeugen, die mehr Schaden anrichten als sie beheben.

Wir haben verlernt, dass die Schöpfung ein Ganzes ist. Und auch uns selbst nehmen wir kaum noch als Einheit wahr. Wir unterdrücken unsere Gefühle, leben auf Fernziele hin, verschieben das wirkliche Leben auf später und wundern uns, dass eine Jugend, die dies erlebt, nur noch ihrem Vergnügen und der raschen Triebbefriedigung nachjagt. Wir haben verlernt im Gleichgewicht zu leben und sind überrascht, dass unsere einseitige Lebensorientierung bei unseren Kindern genauso unsinnige, aber entgegen gesetzte Extreme hervorbringt.

Betrachtet man die Entwicklung der Industrieländer so bekommt man den Eindruck, sie erschöpfe sich in der rastlosen Produktion von Konsumgütern, die wie fetischisierte Allheilmittel gehandelt werden. Konsum statt geistige Entwicklung, Haben statt Sein, Nehmen statt Geben, das sind die Maximen unseres Lebens geworden. Wir verdrängen das Alter und mit dem Gedanken an den körperlichen Verfall auch die Frage nach dem Sinn des Lebens. Wir ignorieren unsere tiefsten Wünsche nach Glück und Gemeinschaft und haben es geschafft, die Sexualität von der Liebe abzukoppeln im Versuch, dadurch schneller zum vermeintlichen Ziel zu kommen.

Wir sind Unwissende geworden, die sich selbst und andere missbrauchen und halten die Emanzipation von der Moral für geistigen Fortschritt. Wie weit wir uns von uns selbst entfernt haben, wird sichtbar am Ausmaß der Unzufriedenheit, die vor allem in den reichen Ländern um sich greift und am rasanten Anstieg seelischer Erkrankungen und kindlicher Verhaltensstörungen gerade da, wo materieller Überfluss herrscht.

Der Grund dafür ist, dass wir gelernt haben, unser Denken, Fühlen und Handeln voneinander abzukoppeln. Dadurch haben wir das Gefühl verloren, uns selbst und unsere Welt verändern zu können.

Im Wesentlichen ist dies ein Verdienst eines Erziehungssystems, das fast ausschließlich intellektuelle

Tätigkeiten fordert und bewertet und den menschlichen Drang nach praktischer Anwendung des Erlernten ignoriert. Die Lernmotivation wird dadurch weitgehend zerstört.

Wenn Kinder in die höhere Schule kommen, sind sie voller Lernbegierde, doch schon nach wenigen Monaten macht sich bei den meisten eine freudlose, von Widerwillen geprägte Haltung bemerkbar. Sie haben gelernt, dass es in der Schule kaum etwas gibt, was ihnen von erfahrbarem Nutzen ist. Zu weit ist der Weg vom vermittelten Wissen zu seiner Anwendung im Leben. Später, heißt es, wird sich der Sinn des erworbenen Wissens zeigen. So lernen Schüler zu warten, bis die Schulzeit zu Ende ist. Sie lernen, von der Schule nichts Positives mehr zu erwarten und die Befriedigung ihrer Wünsche außerhalb zu suchen.

Aber spätestens, wenn sie eine Berufsausbildung beginnen, müssen sie erkennen, wie wenig sie von dem in der Schule angeeigneten Lernstoff verwerten können und dass sie die entscheidende Fähigkeit, sich selbständig und systematisch in Stoffgebiete einzuarbeiten, kaum vermittelt bekommen haben.

Ausbilder und Professoren klagen, dass die Schule nicht ihre gesellschaftliche Aufgabe erfüllt, junge Menschen auf das Berufsleben und das Studium vorzubereiten. Das überrascht nicht. Denn in den meisten Berufen ist selbständige Aneignung und praktische Anwendung von Wissen gefragt und diese werden in der Schule viel zu wenig geübt. Die Fülle des Stoffes zwingt Lehrer zu oberflächlicher, routinemäßiger Behandlung, da bleibt wenig Zeit, auf einigen Gebieten exemplarisch Möglichkeiten der Anwendung zu erproben. Das aber würde Schüler motivieren, Interesse wecken, zur selbständigen Arbeit herausfordern. Die Schule ist eine Institution geworden, die mit Worten beginnt und mit Worten aufhört. Der Mensch aber lebt nicht vom Wort allein. Und auch sein Geist verkümmert, wenn seine Fähigkeit, praktische Wirkungen zu erzeugen, auf Dauer behindert wird.

Inzwischen ist die Kritik der Wirtschaftsverbände und Universitäten bis zu den Lehrplangestaltern durchgedrungen und hat zu einigen Veränderungen geführt. Fachübergreifende Projekte sollen durchgeführt, selbständiges Lernen und Teamarbeit erprobt werden. Ein Schritt in die richtige Richtung, aber noch nicht die Umsetzung der Erkenntnis, dass Menschen sich nur dann gesund entwickeln, wenn Körper, Seele und Geist gleichermaßen gefordert und in ihrer Entwicklung gefördert werden.

Kinder müssen sich mit dem, was sie lernen, gefühlsmäßig verbinden können und sie müssen ihr erworbenes Wissen praktisch umsetzen dürfen. Erst wenn Schule dies möglich macht, wird sie ihren Bildungsauftrag erfüllen können.

Lernmotivation kommt in der Regel aus dem Ziel, auf das hin man sich Wissen aneignet. Wird dieses Ziel in unerreichbare Ferne gerückt, so kann die Motivation nicht mehr vom Ziel gespeist werden, das man erreichen will. Die Folge ist, dass Motivation aus anderen Bereichen gezogen werden muss. Da die einzige wirkliche Konsequenz der Lernarbeit in der Schule die Noten sind, ist es nahe liegend, Motivation daraus abzuleiten, dass man besser ist als andere. Damit wird aber ein altruistisches Lernmotiv in ein egoistisches verwandelt. Kein Wunder, dass unter diesen Bedingungen Teamgeist so wenig gedeiht, es sei denn im Versuch die benotenden Lehrer zu überlisten. Jugendlicher Erfindungsgeist sucht sich so häufig sein Betätigungsfeld in der Vortäuschung von Wissen, dessen mühsamer Erwerb nicht mehr lohnend erscheint, weil er praktisch folgenlos bleibt.

Teamgeist setzt Selbstvertrauen voraus. Wer Angst vor der Konkurrenz hat, ist unfähig zur Zusammenarbeit. Selbstvertrauen aber erwirbt man, indem man seine Fähigkeiten möglichst vielseitig entwickelt und Denken, Fühlen und Tun in Einklang bringt. Und dies ist gar nicht so schwer. Denn es geht nur darum, die Natur des Menschen zu erkennen und ihr gerecht zu werden.

Es ist kein Zufall, dass Naturvölker, bei denen Denken, Fühlen und Handeln noch eine Einheit bilden, eine tiefe Ehrfurcht vor der Schöpfung haben und alles daran setzen, ihr keinen Schaden zuzufügen. Es scheint so zu sein, dass die harmonische Entwicklung der menschlichen Grundfähigkeiten eine Voraussetzung für einen respektvollen Umgang mit allem Geschaffenen bildet. Dagegen verbreitet der unharmonische Mensch auch in seinem Umfeld Disharmonie und Unheil. Er kann nichts Heiles mehr schaffen. So zeigen die technologisch fortgeschrittenen Zivilisationen eine geradezu selbstzerstörerische Ignoranz in Bezug auf ihre Mitwelt, die sie schamlos ausbeuten und zerstören, mit Abfällen vergiften und missbrauchen. Ihre Protagonisten haben verlernt sich selbst im Schöpfungszusammenhang zu sehen und können aus ihrer egozentrischen Perspektive ihre Umwelt nur noch als Objekt ihrer Manipulation wahrnehmen.

Menschen, die so handeln sind nicht mehr im Gleichgewicht, weder mit sich selbst noch mit ihrer Umgebung. Egoistisches Profitdenken und krasser Materialismus sind die Früchte einer Erziehung, die den Menschen mit sich selbst entzweit hat. Psychologisch haben sie die Funktion einer Ersatzbefriedigung. Konsumbegierden und Habsucht treten an die Stelle von Aktivität, die der eigenen Entwicklung dient.

Eltern, die ihrem Kind jeden materiellen Wunsch erfüllen und das notwendige Gleichgewicht zwischen Aktivität und Konsum missachten, verhindern, dass ihr Kind mit sich selbst ins Gleichgewicht kommt.

Denn das Prinzip der Einheit von Denken, Fühlen und Handeln beinhaltet noch mehr. Ein Denken und Fühlen, anders gesagt, Wünsche, die nicht in eigenes Handeln umgesetzt aber dennoch erfüllt werden, können nicht wirklich befriedigen. Befriedigung entsteht da, wo ein Gedanke, ein Wunsch durch Bemühen erfüllt wird. Führt dagegen der bloße Wunsch oder seine Äußerung bereits zur Erfüllung, entsteht eine Art Vakuum in der Seele. Wir fühlen, dass wir das Erreichte nicht verdient haben. Der Wunsch ist zwar erfüllt, aber der Gedanke eigentlich nicht zur Tat geworden. Wir können uns daher nicht mit dem Erreichten identifizieren. Das heißt, es bedeutet uns nichts, hat für uns keinen Wert. Aus dieser Sicht wird verständlich, warum Kinder und auch Erwachsene, die so erzogen wurden, achtlos mit wertvollen Gegenständen umgehen: Weil sie für sie keinen inneren, keinen geistigen Wert haben. Der Gedanke ist nicht den Weg des tätigen Bemühens bis zum Ziel gegangen. Das ist gewissermaßen das Gegenstück zum fruchtlosen Bemühen. Frustration ist das Ergebnis beider Prozesse.

Um den Wert einer Sache verstehen zu können, ist es unabdingbar, selbst etwas von Anfang bis Ende geschaffen, das heißt entworfen und ausgeführt zu haben. Wir leben in einer Welt, in der wir ständig mit Dingen umgehen, die wir nicht mehr durchschauen, geschweige denn selbst herstellen können. Umso wichtiger ist es, dass wir wenigstens in einigen Bereichen gelernt haben, das, was wir benutzen, selbst zu fertigen. Wenn wir den Wert der Dinge nicht durch eigene Arbeit erfahren haben, ist er für uns nur noch in der abstrakten Größe des Geldes messbar. Dann können wir keine Achtung vor der Arbeit anderer Menschen empfinden. Für solche Menschen ist es schwer, für das, was sie durch die Arbeit anderer empfangen, dankbar zu sein. Sie nehmen das, was sie haben, für selbstverständlich und haben keine Hemmungen, Forderungen zu stellen ohne selbst etwas dafür geben zu wollen.

O Sohn des Geistes!

Reich erschuf Ich dich, warum machst du dich selbst arm?

Edel erschuf Ich dich, warum erniedrigst du dich selbst?

Aus dem Wesen des Wissens gab Ich dir Leben, warum suchst du Erleuchtung bei anderen als Mir?

Aus dem Ton der Liebe formte Ich dich, warum befasst du dich mit anderem? Schau in dich, dass du Mich in dir findest, mächtig, stark und selbstbestehend.

Bahá ´ u ´lláh

Verborgene Worte, arabisch 13

Es hatte seit Jahren nicht mehr geregnet. Das Dorf hatte einst am Rande eines Waldes gelegen. Aber der war verschwunden. Nur noch ein uralter Baobab war übrig geblieben. Sein gewaltiger Stamm ragte einsam in den Himmel. An seinen wenigen Ästen trug er kaum noch Blätter.

Der Wald war Stück für Stück dem Landhunger der Menschen zum Opfer gefallen. Erst hatte man nur einzelne Bäume geschlagen, dann ganze Flächen gerodet und schließlich auch das übrig gebliebene Buschwerk zum Feuermachen verwendet.

Als der Wald nicht mehr da war, begannen die Bäche und Quellen zu versiegen. Bald mussten die Frauen stundenlang zum einzigen Wasserloch gehen, das noch erreichbar war. Im folgenden Jahr gab es nichts mehr zu ernten.

Als niemand mehr Rat wusste, erinnerte man sich der Regenmacherin. Sie war eine alte Frau, die immer abseits des Dorfes im Wald gelebt hatte. Man fand sie im geborstenen Stamm des Baobab. Reglos saß sie im Halbdunkel der Höhle. Erst als der Dorfälteste sie ansprach, öffneten sich ihre Augen. „Ihr kommt spät", sagte sie. Er nickte: „Wir haben kein Wasser mehr. Du musst uns helfen!"

„Schick mir ein Mädchen und einen Jungen. Sie dürfen nicht älter als sieben Jahre sein. Und sag

ihren Eltern, dass sie eine Zeit lang nicht zurückkommen werden."

Am nächsten Tag standen die Beiden vor ihrer Höhle. Die Alte winkte sie lächelnd zu sich und lud sie ein, sich zu setzen.

„Ihr wollt eurem Dorf helfen?" fragte sie. Die Beiden nickten verlegen. Die Regenmacherin holte aus einer Nische hinter sich zwei große gurkenförmige Früchte des Affenbrotbaums. „Ihr werdet zweimal sieben Tage unterwegs sein. Das hier ist eure Nahrung. Wenn ihr das Fruchtfleisch mit Wasser mischt, wird euer Durst gestillt. Ihr müsst immer nach Sonnenaufgang gehen, bis ihr in ein ausgetrocknetes Flussbett kommt, am Fuße eines Berges, der wie ein liegender Elefant aussieht. Dort steht ein Baobab, und an seinem Fuße habe ich die Regenmuschel vergraben, als die Menschen begannen, nach ihren eigenen Gesetzen zu leben. Sie ist so groß wie euer Kopf und leuchtet in allen Farben des Regenbogens. Wenn ihr sie gefunden habt, macht ihr euch sofort auf den Rückweg."

Sie trat ins Freie, und die Kinder folgten ihr. Sie zeigte auf einen dünnen Trieb, der aus dem trockenen Boden ragte. „Grabt ihn aus!"

Die Beiden begannen mit den Händen die Erde um den Trieb wegzukratzen. Nach einiger Zeit hatten sie eine dicke Wurzel freigelegt.

„Wenn ihr diese Wurzel ausdrückt, habt ihr zu trinken", sagte die Regenmacherin. „Ihr findet sie an vielen Stellen auf eurem Weg. Achtet auf die dünnen Stämmchen, die aus der Erde schauen. Jetzt müsst ihr gehen!"

Die Beiden nahmen jeder eine Affenbrotfrucht und machten sich auf den Weg. Sie gingen den ganzen Tag und machten nur zweimal Rast, um Wurzeln auszugraben und etwas zu essen. Am Abend bereiteten sie sich in einem Dornbusch ein Lager und schliefen erschöpft ein. Bei Sonnenaufgang erwachten sie, aßen ein wenig Fruchtfleisch und bestimmten die Richtung ihres Weges. Sie erreichten das Flusstal, wie die Regenmacherin gesagt hatte, am siebenten Tag. Von Weitem schon sahen sie den Baobab, der hier noch viele grüne Blätter trug.

An seinem Fuße gruben sie und stießen bald schon auf die Muschel. Aber als sie die Schale freigelegt hatten, sahen sie, dass sie in zwei Teile gebrochen war. Vorsichtig hoben sie die beiden Hälften aus der Erde und schauten sich ratlos an.

„Wir müssen eine neue finden", sagte der Junge und blickte suchend umher.

Das Mädchen nahm eine Muschelhälfte und hielt sie sich ans Ohr. Der Junge begann in der Nähe des Baumes zu graben. Plötzlich erhob sich das Mädchen und ging mit halb geschlossenen Augen auf einen Felsen zu. Der Junge sah ihr erstaunt nach und folgte ihr. Sie ging um den Felsen herum, und er sah, wie sie niederkniete. Vor ihr lag ein kleines rundes Wasserbecken. Er beugte sich über sie. Auf dem Boden der Quelle war das Wasser in Bewegung, und er sah, dass die Steine darunter mit farbigen Mustern überzogen waren. Die Beiden blickten sich an. Dann lief der Junge zurück und holte die andere Hälfte der Muschel. Vorsichtig legten sie die Teile zusammen und betteten sie auf dem Grund der Quelle in den Sand. Als sie die Muschel wenig später berührten, fühlten sie, dass der Riss sich geschlossen hatte. Sie hoben die Muschel heraus und sahen, dass sie im Licht der untergehenden Sonne noch schöner leuchtete als zuvor.

Am nächsten Morgen versorgten sie sich mit neuem Proviant und machten sich auf den Heimweg. Sieben Tage später waren sie wieder bei der Alten, die sie freudig begrüßte.

„Das habt ihr gut gemacht", sagte sie, nachdem sie die Muschel prüfend betrachtet hatte. Die Kinder strahlten vor Freude. Aber bald kam die Müdigkeit über sie und sie schliefen im Schutz der Höhle ein.

Am nächsten Tag weckte die Alte sie früh. „Wir müssen heute das Wasser holen. Es ist in einer Höhle verborgen, die niemand außer mir mehr kennt." Zu dritt machten sie sich auf den Weg. Die Kinder wunderten sich, wie leicht ihnen das Gehen fiel. Die Sonne brannte vom Himmel, aber auch die Alte schien keine Müdigkeit zu kennen.

In einer Felsenschlucht, die so eng war, dass sie hintereinander gehen mussten, führte die Alte sie zu einem flachen Stein. Gemeinsam schoben sie ihn zur Seite, und die Alte nahm die Muschel und schöpfte das Wasser. Auf dem Rückweg trug die Regenmacherin die Muschel und die Kinder stützten sie. Lange nach Sonnenuntergang erreichten sie den Baobab. Während die Kinder schliefen, hielt die Alte sitzend Wache, die Muschel mit dem Wasser in beiden Händen.

Am Morgen erwachten die Kinder vor Sonnenaufgang. Mit der Regenmacherin traten sie ins Freie. Dann gab die Alte dem Mädchen die Muschel und wies es an, in Richtung der aufgehenden Sonne und nach Süden Wasser auf die Erde zu spritzen. Es tat, wie ihm geheißen war. Die Alte nahm die Schale und gab sie dem Jungen, der jetzt nach Norden und in Richtung Sonnenuntergang das Wasser zu Boden schütten musste. Als das geschehen war, schickte die Regenmacherin die Kinder nach Hause.

Am Nachmittag zogen dunkle Wolken auf und es begann zu regnen. Und am nächsten Tag sah man überall aus der Erde frisches Grün herausschauen.

Als die Dorfbewohner zur Regenmacherin kamen, um ihr zu danken, gab sie ihnen einen Sack voller Samen des Baobab. „Dankt nicht mir", sagte sie. „Wenn ihr danken wollt, dann gebt der Erde zurück, was ihr von ihr genommen habt."

6

DAS PRINZIP DER KREATIVITÄT

Es ist auffallend, wie arm unsere Zeit an neuen Ideen ist. In Politik und Gesellschaft klammern sich Mehrheiten an ihre vorgefassten Meinungen und verfallen angesichts der drohenden sozialen, ökonomischen und ökologischen Katastrophen immer wieder auf die alten ungeeigneten Rezepte.

Weite Bereiche des öffentlichen Denkens scheinen so verkrustet zu sein, dass noch nicht einmal wahrgenommen wird, in welchem Ausmaß Einäugigkeit die Meinungsbildung beherrscht. Anstatt sich ernsthaft auf gegensätzliche Ansichten einzulassen und wenigstens den Versuch zu machen, die eigene Einseitigkeit zu überwinden, führt man lieber verbale Vernichtungsfeldzüge gegen Andersdenkende und nimmt sich damit die Chance, der Wahrheit einen Schritt näher zu kommen.

Die Unflexibilität, mit der den Herausforderungen unseres Zeitalters begegnet wird, lässt sich besser begreifen, wenn man das Wesen kreativer Prozesse näher beleuchtet.

Die menschliche Kreativität ist neben der Fähigkeit zur Selbstreflexion die Eigenschaft, die den Menschen am stärksten vom Tier unterscheidet. Entwicklungsmäßig scheint sie sogar eine Grundlage der Selbstreflexion zu sein. Das spielerische Ausprobieren von Möglichkeiten kann man bei jedem Kleinkind beobachten. Mit dem Erwerb der Sprache kommt die Fähigkeit hinzu, begrifflich zu klassifizieren und zu symbolisieren und damit auf abstrakter Ebene, gelöst von sinnlicher Wahrnehmung, Verbindungen herzustellen.

Die Begriffsbildung differenziert sich, indem Hypothesen gebildet, Irrtümer korrigiert und neue Bezüge hergestellt werden. Mit dem Entstehen des Ich-Bewusstseins als Ergebnis der Verallgemeinerung zahlreicher Ich-Erfahrungen wird die Grundlage für spätere Selbstreflexion gelegt, die auf höchstem Niveau auch das Denken über die eigenen Denkvorgänge einschließt und letztendlich menschliche Freiheit begründet.

Diese stufenweise Entfaltung des Denkvermögens ist ohne spielerische Experimente nicht möglich. Und tatsächlich probieren Kinder auch begriffliche Zuordnungen fortwährend spielerisch aus und erweitern so ihr Denkvermögen.

In der Tatsache, dass Menschen auch über die Kindheit hinaus ihrem Spieltrieb folgen, dürfte der Grund für ihre lebenslange Lernfähigkeit liegen. Besonders ausgeprägt ist diese Fähigkeit bei Künstlern, Erfindern und Wissenschaftlern. Aber es gibt auch Menschen, die mit zunehmendem Alter immer weniger Gebrauch davon machen. Ihr Denken wird immer unbeweglicher und gerät schließlich in die Sackgasse der Erstarrung. Die Fähigkeit dazuzulernen kann so ganz zum Erliegen kommen. Dagegen zeichnet viele Künstler und Wissenschaftler die Bereitschaft aus, Arbeitshypothesen immer wieder in Frage zu stellen und weiterzuentwickeln. Selbstreflexion ist hierfür unverzichtbar, durch sie können methodische Fehler und grundsätzlich falsche Ansätze korrigiert werden. Auf dieser Stufe kann der Mensch nicht nur zum Erfinder, sondern zum Gestalter seiner selbst werden. Die Freiheit über die eigene Entwicklung zu entscheiden setzt also Selbstreflexion voraus. Erst durch sie wird der Mensch zum Ebenbild des Schöpfers.

Der kreative Mensch kann sich immer neue Möglichkeiten erschließen. Für ihn gibt es kein unlösbares Problem. Wo andere sich in die Sackgasse ihrer Denkmuster verrennen, erhebt er sich spielend auf eine höhere Ebene und vermag sie zu verlassen. Oder er umgeht das Problem und nähert sich von einer ganz anderen Seite. Kreative Menschen sind Pragmatiker, die sich nicht von fixen Ideen beherrschen lassen, sondern ihre Vorstellungen der Wirklichkeit anpassen. Dadurch bleiben sie lernfähig. Das Geheimnis ihres Erfolgs liegt in ihrer Flexibilität, ihrer Unvoreingenommenheit, die sie so lebendig macht.

Wie ein spielendes Kind suchen sie immer neue Ansatz- und Gesichtspunkte, verändern ihre Perspektive, lassen sich von keinem Irrtum entmutigen und finden Vergnügen am Ausprobieren unterschiedlicher Varianten. Über Fehler können sie lachen, weil sie davon lernen, und dadurch bleiben sie offen. Kein Wunder, dass kreative Menschen oft glücklich sind. Misserfolge schmettern sie nicht nieder, weil sie sich ihrer schöpferischen Kraft bewusst sind. Ein Erfinder wie Thomas

Edison probierte oft hunderte von Varianten durch, bevor er erfolgreich an seinem Ziel angelangt war.

Immer auf der Suche nach neuen Perspektiven, Horizonten, Erkenntnissen und Ausdrucksformen, das ist das Wesensmerkmal des schöpferischen Menschen.

Vielleicht haben Sie Lust bekommen, sich auf diesen Weg zu begeben?

Was dagegen zeichnet den Menschen aus, der sein kreatives Potential vernachlässigt, der sich „wichtigeren" Dingen widmet?

Wenn er einmal eine Idee lieb gewonnen hat, klammert er sich oft lebenslang daran fest wie ein Ertrinkender an den Strohhalm. Er reitet gerne Prinzipien und erspart sich dadurch, Neues wahrzunehmen. Je eingeschränkter die Sicht, umso verbissener wird daran festgehalten. Solche Menschen wiederholen sich ständig. Rechthaben ist für sie lebenswichtig. Da sie die Realität nicht wahrnehmen und ihr Denken nicht erweitern wollen, brauchen sie wenigstens das Gefühl, Recht zu haben. Wer schon nichts Neues erkennt, muss sich zumindest für klüger als andere halten. Besserwisserei ist das liebste Hobby unkreativer Menschen. Da sie nicht innerlich wachsen, müssen sie konkurrieren. Machtkämpfe, Neid und Missgunst bestimmen ihre Haltung gegenüber den Mitmenschen.

Machtgier ist ein beliebter Ersatz für die verlorene Fähigkeit, sich selbst zu erweitern. Kontrolle und Macht über Andere statt Selbsterkenntnis und Selbstbestimmung werden zu Lebenszielen.

Unkreative Menschen lassen ihr Leben von Sach-
zwängen determinieren, denn sie halten diese für un-
vermeidlich. Auf diese Weise machen sie sich selbst
zum Opfer scheinbar nicht beeinflussbarer Prozesse.
Diese Einstellung führt unweigerlich in die Frustration.
Und diese wiederum verlangt nach Entschädigung.
Deshalb sind unkreative Menschen so anfällig für Formen der Ersatzbefriedigung. Der Versuch auf materieller Ebene, zum Beispiel durch Konsum, den Mangel
zu kompensieren, ist die geläufigste Methode.

Aus dieser Perspektive wird vielleicht verständlich, warum gerade in den Entscheidungsebenen von
Politik und Gesellschaft so wenig Bahn brechend Neues auf den Weg gebracht wird. Kreative Menschen, die
problemlösungsorientiert denken, haben es schwer,
neben Menschen zu bestehen, die einen Großteil ihrer
Energie in Strategien der Machterhaltung stecken und
nichts mehr fürchten als geistig gleichwertige oder
gar überlegene Partner. In hierarchisch strukturierten
Institutionen verhindert die Angst vor Machtverlust
häufig grundlegende Veränderungen, die eine
menschliche Atmosphäre schaffen könnten. (Diese
Mechanismen wurden von Daniel Goeudeveert in seinem Buch „Wie ein Vogel im Aquarium" eindrucksvoll
beschrieben.)

Aber für kreative Menschen gibt es auch aus solchen scheinbaren Sackgassen Auswege. Wenn man
ein Problem an seinem Ende nicht packen kann, geht
man zum Beispiel an seinen Anfang. Am Anfang aber
war Erziehung.

Wie aber erzieht man kreative Menschen?

Kreativität ist eine natürliche menschliche Fähigkeit, die in jedem angelegt ist. Sie muss nicht vermittelt, sondern nur gepflegt und gefördert werden. Sie entwickelt sich am Besten, wenn man Kinder von Anfang an mit natürlichen Materialien vertraut macht, die funktionell noch nicht festgelegt sind, also viel Spielraum für ihre phantasievolle Verwendung lassen. Kinder können stunden- und tagelang im Freien mit Ästen, Steinen, Sand und Wasser arbeiten, sich immer neue Dinge damit einfallen lassen, ohne müde oder gelangweilt zu werden. Rohmaterial reizt das Vorstellungsvermögen offensichtlich viel mehr als vorgefertigte Produkte. Dabei spielt sicher eine Rolle, dass Kinder sich in der Natur wohl fühlen, denn diese ist unser ursprüngliches Zuhause.

Nirgendwo gibt es so viel zu entdecken wie in der Natur. Selbst ein toter Ast birgt noch unzählige Geheimnisse, Kleinstlebewesen, verschiedene stoffliche Qualitäten. Es ist spannend herauszufinden, was man alles damit machen kann und was nicht, woran das liegen könnte.

Der natürliche Bewegungsdrang, ein wichtiger Motor der Entwicklung, kann sich am besten in der Natur ausleben. Die Feinmotorik der Hände und Finger wird besonders gefordert, wenn Kinder mit Gegenständen unterschiedlicher Größe und Beschaffenheit arbeiten. Gerade die Feinmotorik hat einen direkten Einfluss auf die Entwicklung des Denkvermögens. Wenn die Geschicklichkeit der Hände wächst, wird damit das Wahrnehmungs- und Unterscheidungsvermögen geschult, denn sinnliche Reize sind die Grundlage der Entwicklung des Denkens. Nicht nur aus diesem Grund, sondern auch wegen der notwendigen männlichen Emanzipation ist es sinnvoll, das sich beide Geschlechter im Nähen, Stricken und anderen feinmotorischen Tätigkeiten üben.

Kinder sollten sich im Klettern und Balancieren betätigen, um ihren Körper beherrschen zu lernen und damit Selbstvertrauen zu gewinnen. Außerdem beeinflusst der Gleichgewichtssinn das mathematische Vorstellungsvermögen. Kinder deren Gleichgewichtssinn unterentwickelt oder gestört ist, sind nicht nur in anderen Bereichen behindert. Sie haben auch Schwierigkeiten, das Prinzip der mathematischen Gleichung zu verstehen, denn sie können es körperlich nicht nachempfinden.

Es ist unmöglich, die Natur als Quelle allen Lebens schätzen zu lernen, wenn man sie nicht erlebt und mit Gefühlen der Freude und des Glückes, der eigenen Entfaltung verbunden hat. Wer dies aber erfahren hat, wird Natur bewahren wollen.

Nirgendwo kann man das Wirken von Naturgesetzen direkter erfahren als in der Natur.

Beim Spiel mit Naturmaterial lernt das Kind zu unterscheiden zwischen Schöpfung und Menschenwerk, zwischen Natürlichem und Künstlichem. Es lernt auch Denken, Fühlen und Tun als Einheit praktisch umzusetzen. Dass Kind muss herausfinden, was es mit Naturmaterialien machen könnte, wie es sie umfunktionieren und gestalten kann. Ungeeignete Vorstellungen müssen in der Praxis korrigiert und der Realität angepasst werden. Gleichzeitig erfährt man die Natur als Schenkende, die einen mit allem versorgt, was man braucht. Aus Dankbarkeit kann so Rücksicht und Umsicht entstehen, eine Haltung, die nicht mehr nimmt als benötigt wird und zurückgibt, was nicht mehr verwendet wird.

Schließlich gibt es beim Spielen in der Natur keinen Abfall. Alles Verwendete geht in den natürlichen Kreislauf zurück.

Viele Eltern machen den Fehler, aus Liebe ihr Kind mit Spielzeug zu überhäufen. Das Ergebnis ist, dass alles nur flüchtig und oberflächlich kennengelernt wird und vor lauter Überfluss der Sinn des Spiels verloren geht. Denn dieser besteht in der Entwicklung körperlicher und innerer Fähigkeiten. Nicht Habenwollen, sondern Werden ist das Ziel. Ein Kind, ein Erwachsener, wird aber nur da sich wirklich entwickeln, wo er etwas mit ganzer Seele betreibt. Er muss sich identifizieren können, sich intensiv mit etwas befassen.

Alles, was funktional festgelegt ist, engt die Kreativität ein. Künstliche Materialien sollten daher erst benutzt werden, wenn das Kind reichlich Erfahrungen mit natürlichem Spielzeug gemacht hat. Das ist eine handwerkliche und geistige Herausforderung für viele Eltern, die selbst als Kinder nicht die Chance hatten, sich im oben beschriebenen Sinne zu entwickeln. Wenn sie einsehen können, das sie dadurch ein Stück Kreativität wiedergewinnen und das Verhältnis zu ihren Kindern intensivieren können, werden sie diese Selbsterziehungsaufgabe gerne in Angriff nehmen. Und ihre Kinder werden es früher oder später zu würdigen wissen.

Technisches Spielzeug sollte grundsätzlich nicht fertig, sondern Baumaterial zum eigenen Gestalten sein.

Ein wichtiger Faktor bei der Entwicklung kreativer Fähigkeiten sind die Künste. Das Kind sollte sie kennenlernen, bevor es mit Medien konfrontiert wird, die den Sinnen eine Scheinwelt vortäuschen.

Instrumentalmusik, Gesang, Malerei, Plastizieren, Tanz und andere Ausdrucksformen der Seele – wenn das Kind sie hautnah erleben kann, wird es schnell Neigungen erkennen lassen und nachahmen wollen. Die Eltern müssen dann nur noch Wege finden, dem Wollen des Kindes Gelegenheit zum Tun zu verschaffen.

Gibt man einem Kind Farben und Papier, wird es von selbst anfangen zu malen. Farben sollten am Anfang aus natürlichen Stoffen hergestellt sein und nicht ständige Aufsicht erfordern, um Wohnungsschäden zu vermeiden, damit das Kind unbeschwert und ohne Kontrolle arbeiten kann. Giftfreie Wachsmalstifte sind hier besonders geeignet. Später, wenn das Kind Sicherheit und Geschick entwickelt hat, kann man ihm flüssige Farben anvertrauen.

Aufgabe der Erzieher ist es nicht, das Entstandene kritisch zu beurteilen oder gar zu korrigieren. Kindern geht es beim Malen zunächst gar nicht um realistische Darstellung, sondern um Selbstausdruck. Und dies geschieht entsprechend dem kindlichen Entwicklungsstand. Malerei ist zunächst sichtbar gemachte Bewegung. Später spiegelt sie wieder, wie Kinder die Welt wahrnehmen. Eine Korrektur oder Kritik ist deshalb entmutigend und destruktiv. Es wäre absurd vom Kind eine Darstellungsweise zu fordern, die seinen geistigen Horizont übersteigt. Deshalb ist es Aufgabe der Erzieher, das Kind zu ermutigen und das Gemalte als Möglichkeit zu sehen, Einblick in die kindliche Seele zu nehmen. So kann das Malen und Gestalten des Kindes zur Brücke der Kommunikation und des Verstehens werden.

Besonders unsinnig ist es, wenn wohlmeinende Eltern Kindern vorgefertigte Zeichnungen zum Ausmalen geben. Sie lernen dadurch entweder flüchtiges Kritzeln oder Pedanterie, auf jeden Fall aber, dass Malen schematisch, stumpfsinnig und langweilig ist. Dies ist eine sichere Methode, Kindern die Freude am eigenen Gestalten zu nehmen. Im Gegensatz zur Instrumentalmusik, die von Anfang an Anleitung erfordert, entwickeln Kinder sich malerisch und plastisch gestaltend weitgehend von selbst. Sie brauchen erst relativ spät, etwa ab Schulbeginn, handwerkliche und technische Anleitung.

Jede künstlerische Tätigkeit erfordert Techniken, Körperbeherrschung. Diese sind die Grundlage für die wachsende Freiheit des Ausdrucks. Da Fortschritte ohne regelmäßiges Üben nicht möglich sind, entwickelt sich gleichzeitig Willensstärke und im Prozess des Wachstums der Fähigkeiten Selbstvertrauen und eine innere Unabhängigkeit.

Auf dieser Stufe der Entwicklung kann der Mensch beginnen, sich selbständig auf den Weg ins Unbekannte zu begeben. Die Fähigkeit zum Wagnis, die Bereitschaft, Neues zu erobern macht das Wesen der Kreativität aus. Sie erschöpft sich nicht in der Nachahmung, im Wiederholen des Gewesenen. Sie erschafft eine eigene neue Welt, indem der Mensch Kontakt aufnimmt zum Geistigen. Aus einer Haltung existentieller Offenheit heraus kann intuitive Erkenntnis, so etwas wie Eingebung sich ereignen. Nur wer durch Arbeit an sich selbst bereit und offen geworden ist, dem fällt etwas ein, dem wird gegeben. Dieses Erlebnis ist mit einem Glücksgefühl verbunden, dass nur mit dem der Liebe vergleichbar ist. Man ist erfüllt von der Gewissheit, über sich selbst hinauswachsen zu können und ein Teil des Schöpferischen zu werden. Man empfängt ein Geschenk, aber die Bedingungen muss man vorher selbst geschaffen haben.

Manchmal erfolgt Eingebung spontan, ohne dass man weiß, wie sie zustande kommt. In den meisten Fällen aber müssen die Bedingungen erzeugt werden. Die erste ist die Willensentscheidung, sich einzulassen auf den kreativen Prozess. Ein Umfeld muss geschaffen werden, in dem ungestört Konzentration, Offenheit und Hingabe gedeihen können. Die Aufgabe muss gefunden und das nötige Material bereitgestellt werden. Und dann kommt es darauf an, sich selbst zu vergessen.

Alle Hoffnungen, Erwartungen, Wunschvorstellungen müssen zurückgelassen werden. Man muss leer werden, ein offenes Gefäß, ein hohler Kanal, in den das Geistige strömen kann. Beim Erproben verschiedener Wege geschieht es oft, dass die Gedanken abschweifen, weil eine Assoziation der anderen folgt. Dann versucht man erneut sich zu sammeln, sich auszurichten, still zu werden, um hören zu können. Irgendwann, und mit wachsender Übung zunehmend leichter geschieht es dann: Die Begegnung von Bemühen und Erfüllung. Und dann weiß man sofort, dass es passiert ist, weil es plötzlich mehr ist, als vorher da war. Nicht immer ist die erste Antwort schon das Ergebnis, aber meist ist sie eine Zwischenstufe, die vorbereitet und hinführt zu ihm.

Eine besondere Qualität kreativer Prozesse entsteht im offenen Gespräch. Ein Anstoß wird gegeben, ein neuer Gedanke entsteht, seine Äußerung entzündet eine Reaktion, und manchmal mit atemberaubender Geschwindigkeit entsteht eine neue Idee. Es ist wie ein Ping-Pong-Spiel, bei dem noch ein unsichtbarer Dritter mitspielt, der den verschlagenen Ball immer wieder einem der Spieler in die Hand legt.

Es ist ein Spiel, bei dem die Spieler sich selbst vergessen und nur noch auf das achten, was geschieht.

Und merkwürdig: Je mehr wir zur Hingabe bereit sind, umso mehr kann sich ereignen. Es ist wie in der Liebe.

Kreative Prozesse haben viel mit Liebe gemein. Sie brauchen Selbstvergessenheit, damit etwas Neues, Höheres entstehen kann. Ichhaftigkeit, Befangenheit im Ziel- und Erfolgsdenken blockieren kreative Prozesse. Wenn der Erzeuger sich selbst in den Mittelpunkt stellt und verliebt in die eigene Fähigkeit ist, verkümmert die Frucht.

Wie viele Produkte zeitgenössischer Kunst sind aus solchen Motiven entstanden, korrumpiert von Marktmechanismen, die Extravaganz bis zur Absurdität, nicht aber die Verbindung zum Geistigen belohnen. Das Ergebnis ist Kunst ohne Inspiration, Produzenten, die von allen guten Geistern verlassen neiderfüllt um Marktanteile konkurrieren und damit demonstrieren, wie wenig der Vorgang des Schaffens sie befriedigt.

Aus den Gesetzmäßigkeiten des kreativen Prozesses wird klar, dass die Entfaltung von Kreativität Freiheit von künstlichen Zwängen, Richtlinien und Mustern voraussetzt. Jeder Versuch künstlerische Produktion durch Vorschriften zu regeln, muss scheitern, weil er dem Wesen des Kreativen entgegenarbeitet. Dies gilt auch für die künstlerische Erziehung. Man kann Techniken vermitteln, indem man etwas nachgestalten lässt, aber Neues, Schöpferisches entsteht dadurch nicht. Daraus folgt, dass Förderung der Kreativität Freilassen bedeutet. Der Lernende kann versuchen, sich etwas anzueignen, was andere schon vorher gefunden haben. Aber der Rahmen des Möglichen darf nicht dadurch begrenzt werden.

Kreative Tätigkeit birgt ihren Lohn in sich selbst. Indem wir etwas erschaffen, das im Einklang mit den Schöpfungsgesetzen ist, können wir eins werden mit ihnen. Im Prozess des Gebens und Beschenktwerdens erschaffen wir uns selbst auf einer geistig höheren Ebene.

Kreativität erzeugt Gleichgewicht und Zufriedenheit. Dadurch können solche Menschen auch besser auf ihre Kinder eingehen. Ihre intuitiven Fähigkeiten erlauben ihnen, in unvorhergesehenen Situationen spontan richtig zu reagieren. Und in der Erziehung sind nur wenige Situationen vorhersehbar. Offenheit für das, was sich im Kind offenbart, ermöglicht die richtige Reaktion, weil man das Wesentliche erkennt.

Was immer Du Deinen Dienern als Pflicht auferlegt hast, damit sie Deine Majestät und Herrlichkeit aufs höchste preisen, ist nur ein Zeichen Deiner Gnade für sie, auf dass sie fähig werden, zu der Stufe aufzusteigen, die ihrem eigenen innersten Wesen verliehen wurde, der Stufe der Erkenntnis des eigenen Selbstes.

Bahá´u´lláh

Ährenlese, S. 8

Wer glaubt, wird höheres Bewusstsein und innere Erkenntnis in allen Bereichen erlangen.

Zoroastrische Religion

Vor dem Gesetz steht ein Türhüter. Zu diesem Türhüter kommt ein Mann vom Lande und bittet um Eintritt in das Gesetz. Aber der Türhüter sagt, dass er ihm jetzt den Eintritt nicht gewähren könne. Der Mann überlegt und fragt dann, ob er also später werde eintreten dürfen. "Es ist möglich", sagt der Türhüter, "jetzt aber nicht."

Da das Tor zum Gesetz offensteht wie immer und der Türhüter beiseite tritt, bückt sich der Mann, um durch das Tor in das Innere zu sehen. Als der Türhüter das merkt, lacht er und sagt. "Wenn es dich so lockt, versuche es doch, trotz meines Verbotes hineinzugehen. Merke aber: Ich bin mächtig. Und ich bin nur der unterste Türhüter. Von Saal zu Saal stehen aber Türhüter, einer mächtiger als der andere. Schon den Anblick des dritten kann nicht einmal ich mehr ertragen." Solche Schwierigkeiten hat der Mann vom Lande nicht erwartet; das Gesetz soll doch jedem und immer zugänglich sein, denkt er, aber als er den Türhüter in seinem Pelzmantel genauer ansieht, seine große Spitznase, den langen, dünnen, tatarischen Bart, entschließt er sich, doch lieber zu warten, bis er die Erlaubnis zum Eintritt bekommt. Der Türhüter gibt ihm einen Schemel und lässt ihn seitwärts von der Tür sich niedersetzen. Dort sitzt er Tage und Jahre.

Niemand anderer kommt zu dem Tor, vor dem er wartet, und so hat er Zeit, den Türhüter zu betrachten und auch über sich selbst nachzudenken. Ab und zu macht er Versuche, den Türhüter durch kindische Ablenkungsmanöver zu überlisten und vom Eingang wegzulocken, aber dieser reagiert immer so, als kenne er die Absichten des Mannes. Schließlich beginnt dieser sich selbst zu beobachten und er erkennt einen Zusammenhang zwischen seinem Verhalten und den Reaktionen des Türhüters. Eines Tages wird ihm klar, dass der Türhüter immer genau das macht, was er von ihm erwartet.

Dennoch dauert es lange, bis der Mann Mut fasst, sich von seinem Schemel erhebt und auf den Türhüter zugeht. Einen Augenblick zögert er, weicht vor der Furcht einflößenden Gestalt zurück. Aber dann macht er einen entschlossenen Schritt auf ihn zu - und spürt, dass er im selben Augenblick durch ihn hindurchgegangen ist.

Er tritt durch das Tor und sofort umgibt ihn die Wärme eines strahlenden Lichts, das von allen Seiten den Raum des Gesetzes erfüllt.

(Veränderte Version einer Parabel von Franz Kafka)

7

SELBSTERKENNTNIS UND SELBSTVERTRAUEN

Es wurde bereits gezeigt, dass die menschliche Entwicklung geistigen Gesetzen folgt und der Mensch nur mit geistigen Kategorien erfasst werden kann. Besonders sinnfällig werden die spezifisch menschlichen Qualitäten im kreativen Prozess. Der Mensch ist fähig, schöpferisch tätig zu werden, ja sogar sich selbst bewusst zu verändern, seine Kreativität auf sich selbst anzuwenden. Es ist also eine innere Verwandtschaft vorhanden zwischen dem menschlichen Wesen und dem Geistigen, dem Prinzip der Schöpfung. Diese äußert sich in der Sehnsucht nach Erkenntnis, nach schöpferischer Verwirklichung, nach Vervollkommnung.

Wer sich auf diesen Weg begibt, beginnt nicht nur, die geistigen Gesetzmäßigkeiten dieser Welt zu begreifen, er kann dadurch auch anfangen, sich selbst zu erkennen, denn das eigene Wesen wird von diesen Gesetzmäßigkeiten bestimmt. Selbsterkenntnis, die auf der Erkenntnis geistiger Prinzipien beruht, ermöglicht erst Selbstverwirklichung. Denn eine Selbstverwirklichung, die die eigene geistige Natur ignoriert, geht zwangsläufig am Wesen des Menschen vorbei. Sie führt auf Irrwege und endet in Sackgassen der Vergeblichkeit.

Ein Mensch aber, der seine geistige Natur zu erkennen beginnt, wird fähig sich selbst im Einklang mit der Schöpfung zu verwandeln. Er fängt an, die Prophezeiung seiner Gottähnlichkeit zu erfüllen und begibt sich auf den Weg der Annäherung an das Göttliche. Das Gefühl, sich im Einklang mit göttlichen Gesetzen entwickeln zu können, verleiht Zuversicht und Selbstvertrauen. Und diese werden dringend benötigt auf einem Weg, der voller Schwierigkeiten und Hindernisse ist.

So wenig wie Selbsterkenntnis automatisch das Ergebnis des Erkennens göttlicher Gesetze ist, so wenig bedeutet Selbsterkenntnis bereits Selbstvervollkommnung. Nicht nur die Einflüsse einer Kultur des Konsums, die dem Prinzip Selbstbestimmung feindlich gesonnen ist, auch zahlreiche innere Hürden müssen überwunden werden, damit Selbsterkenntnis stattfinden und Früchte tragen kann.

Wie schwierig ist es oft, sich von verhängnisvollen, aber lieb gewonnenen Selbsteinschätzungen loszusagen!

Wer sieht sich nicht gern als Opfer feindlicher Umstände, verstellt damit den Blick auf die eigene Mittäterschaft und verhindert auf diese Weise Lösungen? Wer verschließt nicht gerne die Augen vor eigenen Fehlern und entwickelt gleichzeitig hellseherische Sensibilität in der Diagnose der Mängel seiner Mitmenschen?

Selbsterkenntnis erfordert den Mut, durch schmerzhafte Prüfungen zu gehen. Oft geht es darum, noch aus der Kindheit stammende unerfüllbare Erwartungen bloßzulegen, ihren destruktiven Charakter zu erkennen, jahrzehntelang eingeübte Grundannahmen in Frage zu stellen, auf denen ein beträchtlicher Teil des Selbstverständnisses beruht.

Wie definiere ich mich und meine Rolle? Sehe ich mich in erster Linie als Empfänger von Leistungen oder als jemand, der von sich aus gibt? Kann ich meine Wünsche offen äußern und über meine Gefühle sprechen oder erwarte ich, dass meine Mitwelt mich intuitiv versteht? Stelle ich Bedingungen, die erfüllt werden müssen, bevor ich aktiv werden kann? Wie verhalte ich mich in Konflikten? Versuche ich mich durchzusetzen, notfalls auch mit Mitteln, die ich bei anderen ablehne? Oder versinke ich in Selbstmitleid, in der kindlichen Hoffnung getröstet und verstanden zu werden? Bin ich überhaupt fähig, Kritik an mich heranzulassen und anzunehmen oder deute ich sie zwanghaft als böswilligen Angriff auf meine Person und gehe sofort in Verteidigungsstellung bzw. zum Gegenangriff über? Bin ich bereit, Schwächen zuzugeben und an ihrer Beseitigung zu arbeiten? Halte ich den Charakter eines Menschen für unveränderbar und erwarte daher auch von mir keine Fortschritte? Wehre ich aus Angst vor Verletzungen jede Erkenntnis ab, die mich zwingen würde, mich selbst in Frage zu stellen. Halte ich meine Gefühle für zwangsläufige Ereignisse und deshalb für nicht kontrollierbar und nicht veränderbar?

Ist Selbsterkenntnis schon ein mühevoller Prozess, der Willenskraft, Durchhaltevermögen verlangt, so braucht Selbstverwandlung noch mehr. Sind es doch die eingefahrenen Gewohnheiten und Verhaltensweisen, der Automatismus tausendfach geübten Verhaltens, die gerade am Anfang Veränderung so schwer machen. Immer wieder ertappt man sich dabei, in alte Handlungs- und Reaktionsmuster zu verfallen, auf jeden Fortschritt folgen Rückschläge.

Jeder neue Versuch muss zunächst gegen die Lawine von alten Erfahrungen und Vorurteilen durchgesetzt werden. Unmöglich erschiene das Unterfangen, wenn nicht die Erfahrung des Glücksgefühls wäre, das jeden bewusst wahrgenommenen Fortschritt begleitet. Und gäbe nicht die Gewissheit Erfüllung, dass man mit jedem gelungenen Versuch der Selbstüberwindung zum Geburtshelfer seiner selbst geworden ist und ein Stück weiter im Einklang mit den Gesetzen der Schöpfung gewirkt hat.

Im Vertrauen auf diesen Zusammenhang wächst Selbstvertrauen. Das Wissen, nicht alleine zu sein, sondern an einem höheren Ganzen mitzuwirken, lässt auch Rückschläge leichter ertragen. Wer Gottvertrauen und Selbstvertrauen entwickelt hat, kann auch Angriffe verkraften. Er nimmt sie nicht mehr persönlich, baut keine Feindbilder auf und kann den Angreifer ins Leere laufen lassen. Er gibt ihm damit die Chance, die Selbständigkeit der eigenen Tat zu erkennen, er entzieht ihm die Rechtfertigung für weitere Attacken.

Gottvertrauen ermöglicht auch den Glauben an das positive Potential im Anderen, der ein Geschöpf ist wie man selbst. Mit diesem Vertrauen wird eine optimistische Einstellung erzeugt, mit der man die negativen Seiten des Gegenübers ignorieren und durch Ermutigung das Positive verstärken und zum Vorschein bringen kann. Und sollte dies trotz Bemühung nicht gelingen, muss ich mich nicht in eine Gegnerschaft hineinsteigern, sondern kann den Anderen sich selbst überlassen. Damit achte ich seine Entscheidungsfreiheit ohne seine Entscheidung billigen zu müssen.

Des Himmels Weg ist,

wohltun und nicht schaden.

Des heiligen Menschen Weg ist

tun und nicht streiten.

Lao-Tse

Tao Te King, LXXXI

Zwei Mäuse waren auf der Suche nach Nahrung. Ein verführerisch duftender Krug erregte ihre Aufmerksamkeit. Beim Versuch an die cremige weiße Flüssigkeit zu kommen rutschten sie vom Rand des Kruges ab und fielen hinein. Verzweifelt mit den Beinen strampelnd versuchten sie den Rand zu erreichen, aber er war zu hoch. Als ihre Kräfte nachließen, bemühten sie sich nur noch, schwimmend an der Oberfläche zu bleiben. Nach einiger Zeit gab die eine Maus auf und versank. Die andere kämpfte weiter und versuchte mit ihren Kräften hauszuhalten. Nach langer Zeit spürte sie, wie die Flüssigkeit unter ihren Füßen fester zu werden begann.

Sofort verstärkte sie ihre Anstrengungen. Bald traf sie mit jedem ihrer Tritte auf mehr Widerstand, und als die Flüssigkeit Sahne geworden war, konnte sie den Krug mit einem Sprung verlassen. Sie säuberte sich ihren verklebten Pelz und merkte erst jetzt, wie gut die weiße Masse schmeckte.

8

DER MENSCH ALS GESTALTER SEINES SCHICKSALS

Im Zeitalter einer selbst von nationalen Regierungen kaum noch beeinflussbaren Globalisierung, deren negative Auswirkungen jetzt auch die reichen Länder erfasst haben und Arbeitslosigkeit existenzbedrohenden Ausmaßes hervorgerufen haben, ist das Gefühl der Ohnmacht für viele Menschen lebensbestimmend geworden. Sie fühlen sich ausgeliefert den Schachzügen der Wirtschaftsbosse, politischen Entscheidungen gegenüber machtlos und frustriert von der Erfahrung, selbst in ihrem unmittelbaren gesellschaftlichen Umfeld kaum etwas verändern zu können.

Hilflosigkeit ist nur schwer ertragbar. Zwei Reaktionen darauf sind heute weit verbreitet. Flucht, Rückzug in private Ersatzbefriedigung oder Aggression. Ein Großteil der Bevölkerung hat die Variante gewählt, die meist mit Konsum verbunden ist, und der Markt hält vielfältige Tröstungen bereit. Medien bieten 24 Stunden täglich Ablenkung und Fluchtmöglichkeiten in virtuelle Scheinwelten. Eine Kultur hemmungslosen Genießens hat längst Bereiche erobert, die früher gesellschaftlich geächtet wurden. Drogenkonsum, sexuelle Grenzüberschreitungen werden öffentlich propagiert und als Ausdrucksformen menschlicher Freiheit gehandelt. Ein Supermarkt an Heilsangeboten bietet für jeden Geschmack Möglichkeiten subjektiver Befriedigung unter dem Motto: Nimm dir, was du brauchst, du selbst bist das Ziel. Die soziale Dimension des Lebens wird dabei geflissentlich ausgeklammert, der Mensch zum Konsumenten von Waren degradiert. Gemeinschaftliches Handeln findet bestenfalls im kleinen Kreise Gleichgesinnter statt. Sektiererisch werden heile Ersatzwelten aufgebaut, die im Ausgrenzen Andersdenkender ihre Realitätsferne zu sichern suchen.

Auf der anderen Seite führen Ohnmachtsgefühle immer öfter zu aggressiven Reaktionen. Kriminalität ist eine weit verbreitete Antwort auf das Gefühl der Chancenlosigkeit geworden. Vor allem unter sozial benachteiligten Jugendlichen, deren familiäre Bindungen in Auflösung begriffen sind, werden immer mehr Ausbrüche blinder Wut registriert bis zum Extremfall des Amoklaufs.

Alle diese Reaktionen haben eines gemeinsam. Sie sind keine konstruktiven Antworten auf die Herausforderungen der Zeit, bieten keine Lösungen und verstärken die Tendenz zur Isolation und damit zur Hilflosigkeit des Einzelnen. Sie mobilisieren nicht das menschliche Potential, die Fähigkeit Probleme zu analysieren und gemeinschaftlich in Angriff zu nehmen, die in der Vergangenheit das Überleben der Menschheit gesichert hat.

Noch mehr als die beschriebenen Ersatzhandlungen verhindern aber gewisse Einstellungen zuverlässig das Bemühen um Einflussnahme auf gesellschaftliche Prozesse. Durch sie verurteilen sich zahllose Menschen selbst zur sozialen Handlungsunfähigkeit und zur Ohnmacht.

Die wichtigste dieser Haltungen besteht darin, dass man seinen von Ohnmachtsgefühlen gespeisten Pessimismus für Realismus hält. Ungeachtet zahlreicher historischer Gegenbeispiele redet man sich ein, der Einzelne könne keine gesellschaftlichen Veränderungen bewirken. Die bestehenden Machtstrukturen verhinderten das. Gemeinschaftliches Handeln sei grundsätzlich aufgrund des natürlichen Egoismus, der Machtgier und Aggressivität des Menschen zum Scheitern verurteilt. Geschichte sei eine endlose Wiederholung von Kriegen und Kämpfen um Vorherrschaft über Andere. Ein oberflächlicher Blick auf die Geschichte scheint diese These zu rechtfertigen.

Blickt man aber genauer hin, so erkennt man die evolutionären Veränderungen, die sich im Schatten von Kriegen und menschlichen Katastrophen vollzogen haben. Man stellt fest, dass es Epochen der Menschheitsgeschichte gab, in denen Zusammenarbeit und friedliche Konfliktlösungen möglich waren und dass diese Epochen meist in Verbindung mit religiösen Impulsen standen, womit sich die Geschichtsschreibung aber relativ wenig befasst hat.

Die Lernprozesse waren langsam und häufig von Rückschlägen begleitet, aber gerade im letzten Jahrhundert hat es nach weltweiten Katastrophen in der zentralen Frage der Menschenrechte bemerkenswerte Fortschritte gegeben. Noch immer verhindern nationalistisch verbrämte Machtansprüche die weltweite Anwendung der Charta der Menschenrechte, aber ein

Vergleich mit der ersten Hälfte des 20. Jahrhunderts zeigt, welche gewaltige Strecke in 50 Jahren zurückgelegt wurde.

Es ist merkwürdig: Gerade entschiedene Kritiker gesellschaftlicher Missstände verbreiten Pessimismus hinsichtlich der Möglichkeit grundlegend positiver Veränderungen. Statt auf die Lernfähigkeit des Menschen zu setzen, vertrauen sie auf seinen angeblich unüberwindbaren Egoismus, als wäre der Mensch prinzipiell nicht in der Lage aus den selbstzerstörerischen Folgen der Selbstsucht die notwendigen Schlüsse zu ziehen.

Wie gebannt blickt man auf die von den Medien ausgeschlachteten Horrormeldungen und begründet damit sein Weltbild, übersieht dabei aber die Vielzahl visionärer Initiativen, durch die bereits Grundlagen für zukunftsfähige Entwicklungen gelegt wurden. Man weiß zwar, dass die durch die Medien gezeigte Realität nur ein Zerrbild der Wirklichkeit ist, lässt sich aber dennoch davon prägen.

Diese Haltung ist im doppelten Sinne verhängnisvoll. Sie wirkt lähmend auf die eigenen Kräfte, indem sie entmutigt und sie verkennt das Lernpotential der vermeintlichen Gegner und wirkt so als sich selbst erfüllende Prophezeiung, weil sie Konsensbildung verhindert. Indem sie das Denken in ein Freund-Feind-Schema presst, verhindert sie, dass positive Ansätze der Gegenseite als solche erkannt und verstärkt werden können. Eine mögliche Zusammenarbeit wird dadurch unmöglich gemacht, weil man sie für unrealistisch hält. Tatsächlich ist es aber das eigene negative Denken, das mit der Wirklichkeit verwechselt wird und Fortschritte verhindert.

Für viele Menschen liefert diese pessimistische Haltung die Rechtfertigung für ihre Untätigkeit. Der Glaube nichts bewirken zu können, führt zum Verzicht auf gesellschaftliches Engagement. Der distanzierte Kritiker bleibt Beobachter und resigniert, weil er sich selbst die Möglichkeit genommen hat, durch die Folgen seiner Aktivität eines Besseren belehrt zu werden.

Auf diese Weise nehmen sich ungezählte Menschen die Chance, ihr kreatives Potential in gesellschaftliche Gestaltungsprozesse einzubringen. Noch mehr: Positive Entwicklungen werden verzögert, weil die Arbeit daran den Wenigen überlassen bleibt, die sich nicht selbst entmutigen und ihre Visionen zu verwirklichen suchen.

So verharren Mehrheiten in Apathie und tragen durch konsumorientierte Ersatzhandlungen dazu bei, ökologische Probleme zu vergrößert. Und auch diejenigen, die trotz ihres Pessimismus in der Haltung eines existentialistischen Sisyphos verbissen weiterarbeiten, können nur einen Bruchteil dessen erreichen, was ihnen mit einer optimistischen Einstellung gelingen würde.

Es ist aufschlussreich, dass sich Vorurteile wie das von der naturbedingten Schlechtigkeit des Menschen so hartnäckig halten. Es ist, als trauten sich große Mehrheiten gar nicht zu, ein von tieferen Einsichten bestimmtes Leben zu führen, als wollten sie nicht an ihre positiven Entwicklungsmöglichkeiten glauben. Könnte hier nicht ein Zusammenhang mit früher Entmutigung bestehen?

Oder liegt es auch daran, dass sich viele Menschen für besser halten als ihre Mitmenschen und deshalb nicht an deren Entwicklungspotential glauben können?

Es ist auffällig, dass Persönlichkeiten, die zum Katalysator positiver Veränderungen wurden, wie Gandhi oder Martin Luther King ihre Zuversicht, dass Menschen friedlich und gleichberechtigt zusammenleben können, religiösen Impulsen in Zusammenhang mit frühen Kindheitserfahrungen verdanken.

Welche Handlungsperspektiven lassen sich aus dem Gesagten ableiten? Wer Gestalter seines Schicksals werden will, muss sich zunächst aus einer Reihe von Abhängigkeiten befreien.

Die Phase der frühen Kindheit und Jugend ist durch Abhängigkeit gekennzeichnet. Das Kind ist zunächst bei der Befriedigung seiner Bedürfnisse vollständig von den Eltern abhängig. Aber sein Entwicklungsdrang ist von Anfang an darauf aus, Unabhängigkeit zu gewinnen. Bereits im ersten Lebensjahr äußern Kinder den Wunsch, möglichst viel alleine zu tun. Mit etwa zehn Jahren haben die meisten Kinder begonnen, die Welt mit eigenen Augen zu sehen und sich von den Sichtweisen der Eltern zu lösen. Mit der

Geschlechtsreife entfaltet sich auch die seelisch-geistige Identität, eigene Wertvorstellungen werden gebildet. Das Denkpotential einschließlich der Fähigkeit zur Selbstanalyse ist zu diesem Zeitpunkt verfügbar und der Mensch kann beginnen, ein selbstbestimmtes Leben zu führen. Aber nicht nur in materieller Hinsicht sind Menschen in diesem Alter meist noch abhängig, auch ihre seelisch-geistige Reife muss erst in mühsamer Kleinarbeit errungen werden.

Was sind die Voraussetzungen für eine wirkliche Unabhängigkeit?

Unabhängigkeit von fremden Vorstellungen und Wünschen

Viele Menschen definieren ihre Lebensziele, ohne sich dessen bewusst zu sein, entlang der Leitlinien, die ihnen von Eltern, Partnern oder Bezugsgruppen vorgegeben werden. Von der Berufswahl bis zu ihren Wertvorstellungen erfüllen sie Erwartungen, die Andere an sie stellen. Sie beginnen zu rauchen, weil Andere es tun, machen Karriere, weil Eltern oder Partner es von ihnen erwarten, nehmen Drogen, um zu einer Gruppe zu gehören, schließen sich Ideologien, politischen oder religiösen Gruppen an, weil sie dazu überredet werden, kaufen sich Kleider oder verstümmeln sich durch Piercing, weil es im Trend liegt oder prügeln sich und ziehen in Kriege, um nicht als feige zu gelten.

Natürlich ist es oft schwierig, sich den Erwartungen der Mitwelt zu widersetzen. Man braucht dafür Selbstvertrauen und Willenskraft. Das Wichtigste aber sind selbständig erworbene Wertvorstellungen, denn diese bilden die einzige sichere Grundlage für ein selbstbestimmtes Leben. Alle anderen Orientierungen, wie die an anderen Personen, an der Arbeit, am Besitz, am Selbst oder gar am Vergnügen, bilden keine verlässliche Grundlage für die Lebensgestaltung, denn sie können wie Partner, Freunde, Arbeit usw. abhanden kommen oder führen leicht in die Irre.

Was will ich mit meinem Leben erreichen? Worauf möchte ich am Ende zurückblicken, in der Gewissheit, mein Leben nicht vergeudet zu haben?

Bei der Bestimmung der Lebensziele ist es natürlich sinnvoll, sich an den Werten zu orientieren, von denen man annehmen kann, dass sie ein Höchstmaß an Erfüllung und Sinn ins Leben bringen.

Welche sind das? Es sind die, welche es mir ermöglichen, mit mir selbst und meiner Mitwelt in Harmonie zu leben.

Orientierung an Werten

1. Gleichwertigkeit aller Menschen

Solange wir nicht erkannt haben und zutiefst davon überzeugt sind, dass alle Menschen das gleiche Recht auf Verwirklichung ihrer Persönlichkeit haben, dass keiner mehr wert ist als ein Anderer und dass niemand das Recht hat, einen Anderen für seine egoistischen Zwecke zu missbrauchen, wird es nicht möglich sein, die folgenden Werte und Verhaltensweisen zu verwirklichen. Die Anerkennung der Gleichwertigkeit ist deshalb die Grundlage aller weiteren Prinzipien.

2. Verzicht auf Gewalt und Manipulation, auf Dominanz und Machtausübung

Wir müssen erkennen, dass alle Versuche, andere Menschen gegen ihren Willen oder unter Ausschaltung ihres Willens zu etwas zu bringen, ethisch verwerflich sind und das Gegenteil bewirken. Sie erzeugen Widerstand und Trotz, rufen Unehrlichkeit oder Aggressionen hervor und verhindern auf Dauer Harmonie und Einheit, wodurch sie die Grundlage für friedliche Konfliktlösungen entziehen. Wer durch Gewalt, Erpressung, Vortäuschung falscher Tatsachen oder auf andere die Gleichwertigkeit verletzende Weise seine Ziel zu erreichen versucht, macht sich selbst zum Opfer der notwendig folgenden Gegenreaktion. Sein Dominanzverhalten beschwört Kampf, Stress und Eskalation von Gewalt sowie den Zwang zu ständiger Kontrolle herauf. Dadurch wird das positive Potential aller Beteiligten gelähmt und Vertrauen auf lange Sicht zerstört.

3. Persönliche Integrität

Integrität bedeutet zunächst Einheit und Übereinstimmung mit sich selbst. Das heißt, unser Verhalten sollte übereinstimmen mit unseren Worten und unsere Handlungen dürfen sich nicht widersprechen. Integrität bedeutet Verlässlichkeit, Vertrauenswürdigkeit. Dazu gehört, dass wir unsere Versprechen und Zusagen einhalten, nicht lügen und nicht üble Nachrede betreiben, ehrlich sind und im Umgang mit Anderen Höflichkeit und Achtung walten lassen. Dies sind Verhaltensweisen, die heute unüblich sind. Wo jeder auf seinen eigenen Vorteil bedacht ist, das heißt seine Interessen über die der Anderen stellt, fallen in der Regel alle Hemmungen und Verhaltensweisen werden gerechtfertigt, die dem Einzelnen scheinbar einen Vorteil gegenüber Anderen bringen. Dies ist aber ein Trugschluss, denn die Folgen unseres amoralischen Verhaltens fallen auf uns selbst zurück. In einem vergifteten sozialen Klima sind die Seele und die Gesundheit jedes Einzelnen beeinträchtigt.

Letztlich geht es um die Verwirklichung der Goldenen Regel, die in allen Religionen zu finden ist: Verhalte Dich so, wie Du möchtest, dass sich Andere Dir gegenüber verhalten.

Orientiert man sich an den genannten Werten, so wird man erleben, dass dies früher oder später positive Auswirkungen auf das Verhalten der Mitmenschen hat. Entscheidend dabei ist, dass man aktiv und mit voller Überzeugung seine Einstellung vertritt und negativem Verhalten mit positiven Reaktionen begegnet, ohne dabei anzugreifen oder anzuklagen. Betreibt jemand üble Nachrede, so kann man die positiven Seiten des Opfers dem entgegenstellen oder auf eigene ähnliche Schwächen hinweisen. Dadurch entzieht man dem Gegenüber die Grundlage für weitere Angriffe auf Dritte, da man dessen Gleichwertigkeit hervorhebt, ohne den Angreifer zu erniedrigen.

Gelingt es uns, klarzumachen, dass wir vor allen Menschen Respekt bewahren, so entsteht dadurch Vertrauen.

Denn wir signalisieren, dass wir für feindselige Bündnisse nicht zur Verfügung stehen und dass Vertrauen von uns nicht missbraucht wird.

Die genannten Werte und Verhaltensregeln gehören zusammen und bilden eine Einheit. Verletzen oder missachten wir auch nur eine von ihnen, so machen wir sofort alle anderen fragwürdig und zerstören das geschenkte Vertrauen. Denn ein Mensch, der einige dieser ethischen Grundsätze einhält, gegen andere aber verstößt, wird als jemand erkannt, der Werte nur da achtet, wo sie ihm persönlichen Vorteil bringen.

4. Bereitschaft, die eigenen Schwächen zu überwinden und Verzicht auf geborgte Autorität

Wenn wir uns Autorität borgen, geben wir indirekt unsere Schwäche zu und sorgen dafür, dass sie erhalten bleibt. Häufig drückt sich geborgte Autorität darin aus, dass wir mit etwas drohen, das stärker und mächtiger ist als wir selbst. Kinder, die mit dem großen Bruder, Mütter, die mit dem Vater drohen, Eltern, die den Nikolaus oder gar Gott als Drohmittel missbrauchen, all das gehört in diese Kategorie. Wählen wir diesen scheinbar bequemeren Weg, so verhindern wir eine ernsthafte Auseinandersetzung mit unserer Hilflosigkeit und machen uns langfristig lächerlich. Aber auch die in der Kindererziehung oft verwendete Aussage: „Du tust das, weil ich es sage!" ist letztendlich ein Versuch, eine Autorität zu benutzen, die man selbst noch nicht darstellt. Denn besäße man die erforderliche Autorität, müsste man in der Lage sein, zu überzeugen statt zu drohen.

Wer seine eigenen Schwächen sich selbst eingestehen und Anderen gegenüber zugeben kann, der kann auf geborgte Autorität verzichten. Es ist in der Regel viel wirksamer, wenn wir in einem Konflikt unsere eigene Unzulänglichkeit einräumen oder unsere Bedenken und Ängste offen zu erkennen geben. Dadurch stellen wir uns auf eine Ebene mit dem Gegenüber und vermeiden einen Machtkampf, der immer dann entsteht, wenn ein Mensch sich über einen Anderen zu erheben versucht. Kompromisse auf der Basis des gegenseitigen Verstehens werden so möglich und damit Einheit. Zeigen wir die Bereitschaft, unsere Schwächen und Fehler zu beseitigen, so erzeugt das beim Gegenüber weit eher Anerkennung als der Versuch, uns Macht und Kompetenzen anzumaßen, die wir gar nicht besitzen. Vor allem aber befreien wir dadurch Kräfte in uns, die vorher in fruchtlosen Kämpfen vergeudet wurden, für geistiges Wachstum.

Befreiung aus der Opferrolle

Ein Relikt aus früher Kindheit ist die weit verbreitete Haltung, die Befriedigung der eigenen Bedürfnisse von Anderen zu erwarten. Dies ist das typische Verhalten des Säuglings, es wird aber auf Grund von Erziehungsfehlern oft bis ins hohe Alter mitgenommen. So lange diese meist unbewusste Einstellung nicht erkannt und überwunden ist, kann ein Mensch nicht zum Gestalter seines Schicksals werden. Er macht ständig Andere für seinen Zustand verantwortlich, sucht nach äußeren Gründen für seine Misserfolge und sieht sich ständig als Opfer ungünstiger Umstände. Da er die Gründe für seine Probleme, für seine Unzufriedenheit nicht bei sich sucht, ist er unfähig, sie zu beseitigen, das heißt selbst aktiv zu werden. Er verlegt sich auf Warten. Irgendwann, so hofft er, müsse die Situation sich zu seinen Gunsten wenden. Da die Bedingungen aber nie so sind, dass er nichts mehr dafür tun muss, und seine verschlüsselten Signale meist ignoriert werden, entsteht Frustration. Die Ursachen dafür werden aber wiederum nicht bei sich selbst gesucht. Solche Menschen verlegen sich häufig darauf zu jammern, anzuklagen und ihre Mitwelt mit Vorwürfen zu überschütten. Sie sind oft großartige Kritiker, die alle Anderen in ihrer ganzen Schlechtigkeit durchschauen, was sie wiederum in ihrer Opferrolle bestätigt. Nur sich selbst durchschauen sie nicht. Solche Menschen sind unfähig, für sich selbst Verantwortung zu übernehmen. Im Grunde suchen sie verzweifelt nach der tröstenden Mutter, die ihnen die Last ihres Lebens abnimmt.

Ohne Selbsterkenntnis bleiben solche Menschen unselbständig und abhängig, sie sind geradezu auf der Suche nach immer neuen Abhängigkeiten, denn von ihnen erhoffen sie sich die Lösung ihrer Probleme.

Erst wenn sie bereit sind, Verantwortung für ihre eigene Entwicklung und Heilung zu übernehmen, ist der Weg zu einem selbstbestimmten Leben offen.

Dazu gehört auch die Erkenntnis, dass jede meiner Handlungen eine bewusste oder unbewusste Entscheidung beinhaltet und entsprechende Folgen hat. Wenn ich mich gekränkt zurückziehe und meine Interessen nicht mehr vertrete, habe ich mich entschieden, sie nicht zu verwirklichen. Denn ich kann nicht erwarten, dass ein Anderer es für mich tut. Wenn ich das Verhalten meiner Mitarbeiter oder meines Partners als feindselig deute ohne nachzufragen und mich entsprechend ablehnend verhalte, habe ich mich entschieden einen Konflikt zu inszenieren. Wenn ich Menschen beleidige oder persönlich angreife, habe ich mich entschlossen, meine eigene Isolation voranzutreiben. Wenn ich nach positiven Qualitäten meiner Mitmenschen suche und ihnen ein Gefühl von Wertschätzung gebe, wenn ich sie ermutige, habe ich mich für gemeinsames Wachstum entschieden.

Die Erkenntnis, dass ich selbst dafür verantwortlich bin, wie sich meine Beziehungen zu anderen Menschen entwickeln, dass ich nicht Sklave meiner Gefühle von Sympathie oder Antipathie sein muss und auch nicht gezwungen bin, in immer gleicher Weise auf bestimmte Reize zu reagieren, dass ich unter allen Umständen auch anders entscheiden kann, bedeutet einen Durchbruch zur Freiheit und Unabhängigkeit. Es ist, wie Kant formulierte, ein „Aufbruch aus der selbstverschuldeten Unmündigkeit", die sich so Viele auferlegen und unter der sie ihr Leben lang leiden.

Die Fähigkeit zur Selbstüberwindung

Um meine selbst gesetzten Ziele zu erreichen, muss ich bereit sein, alles dafür Nötige zu tun. Dies ist in der Regel mit Mühe verbunden. Auch unangenehme Tätigkeiten müssen dabei in Kauf genommen werden. Wer Arzt werden will, wird sich auch durch Fachgebiete durcharbeiten müssen, die auf den ersten Blick wenig motivieren und viel Zeitaufwand erfordern, aber später von Bedeutung sein können. Wie jede berufliche Ausbildung erfordert auch die Verwirklichung von Lebenszielen viele einzelne Schritte, die längst nicht alle den eigenen Bedürfnissen entsprechen, die man aber bereit sein muss zu gehen, wenn man zum Ziel kommen will.

Es ist tröstlich, dass die Befriedigung letztendlich dann besonders groß ist, wenn man durch solche Prüfungen der Selbstüberwindung gegangen ist.

Effektives Selbstmanagement

Wenn man seine Lebensziele gefunden und festgelegt hat, ist es entscheidend die Einzelschritte zu bestimmen, die zur Verwirklichung geeignet sind. Dies kann in Form von Jahres-, Monats- oder Wochenplänen geschehen. Wichtig ist es auch hier, Teilziele zu definieren, die sich überprüfen lassen und deren Erreichen man zur Selbstmotivation verwenden kann.

Viele Menschen neigen dazu, sich in der Arbeit zu verzetteln. Sie beginnen eine Tätigkeit, entdecken eine andere Aufgabe, die noch dringender scheint und springen so von einer Beschäftigung zur anderen. Schließlich stellen sie frustriert fest, dass sie nichts von dem, was sie sich vornahmen, vollendet haben und das wirklich Wichtige liegen geblieben ist.

Es kommt also darauf an, Prioritäten zu setzen, Wichtiges von Unwichtigem zu unterscheiden und die wirklich wichtigen Dinge nicht von dringlichen Tagesaufgaben immer wieder verdrängen zu lassen.

Wirklich wichtige Dinge sind solche, die eine dauerhaft erfolgreiche zielorientierte Tätigkeit möglich machen. Dazu gehören Planungsarbeiten, Arbeit an den persönlichen Fähigkeiten, die kapazitätserweiternd wirkt, Arbeit an Beziehungen, die ein positives Arbeitsklima schafft und auch im privaten Bereich für eine nachhaltige Entwicklung aller Beteiligten bedeutsam ist. Maßnahmen, die Konflikten oder Problemen vorbeugen und nicht zuletzt Erholungsaktivitäten, die dafür sorgen, dass die Leistungsfähigkeit erhalten bleibt.

Die Wichtigkeit der Aufgaben lässt sich an ihren Ergebnissen messen. Diese sollen das Erreichen der

Lebensziele fördern und sich im Einklang mit den geistigen Werten und Prinzipien befinden, an denen man sein Handeln ausrichtet.

Das bedeutet, dass ich mir jeweils darüber Klarheit verschaffen muss, inwieweit eine Aufgabe, die ich übernehme, einen Beitrag auf dem Weg zu meinem Ziel darstellt und mich ihm näher bringt.

Nehmen wir an, ich habe mich entschlossen, ein Buch über die Bedeutung geistiger Gesetze für eine bewusste und befriedigende Lebensführung zu schreiben. Dies wurde von mir als ein wichtiger Schritt erkannt, um mehr Klarheit über meine Einstellungen, Verhaltensweisen und Zielvorstellungen zu gewinnen. Außerdem könnte es ein Beitrag zur Klärung dieser Aspekte für andere Menschen werden. Da ich dieses Projekt sinnvoll einordnen kann in meine allgemeinen Lebensziele wie Entwicklung zu mehr Geistigkeit, Lösung von unbewussten Abhängigkeiten usw. bin ich motiviert, die Aufgabe in Angriff zu nehmen. Ich überlege, wie umfangreich dieses Buch sein kann und welche Zeit ich dafür ansetzen muss. Dabei kann ich auf Erfahrungswerte beim Erstellen kürzerer Texte zurückgreifen. Nachdem ich eine Gliederung der zu behandelnden Punkte (Planungsentwurf) gemacht und die Kapitelzahl ungefähr festgelegt habe, gehe ich von einem Gesamtumfang von etwa 120 Seiten aus. Pro Kapitel werden das etwa 5-10 Seiten sein. Ich weiß aus Erfahrung, dass ich pro Woche ein bis zwei solcher Kapitel schreiben kann und lege als Teilziel fest, mindestens ein Kapitel wöchentlich fertigzustellen. Damit ermögliche ich mir jede Woche ein Erfolgserlebnis. Gleichzeitig wirkt diese Festlegung disziplinierend. Früher war es öfter so, dass ich eine Aufgabe zu lange hinausschob und sie dann nicht mehr rechtzeitig oder nicht zur Zufriedenheit abschließen konnte. Das soll mir hier nicht passieren. Außerdem möchte ich täglich das Gefühl haben, etwas geschafft zu haben. Ich will im Zeitplan bleiben, denn ich weiß, dass dies das beste Mittel zur Selbstmotivierung ist. Die tägliche Arbeitszeit ist so bemessen, dass ich meinen beruflichen Pflichten nachkommen kann, dass noch Zeit für Familie und andere Kontakte bleibt und jeden Tag Erholungsphasen (Bewegung als Ausgleich für sitzende Tätigkeit) möglich sind. Sie soll also 2 Stunden nicht überschreiten. Aufgrund von Erfahrungen weiß ich, dass eine längere Arbeitszeit weniger effektiv wäre, weil Ermüdung zu Konzentrationsproblemen führen würde.

Wenn ich Schwierigkeiten habe, mit der Arbeit zu beginnen, ist es hilfreich, eine bestimmte Zeit dafür festzulegen. Bereits nach einer Woche macht die Gewöhnung an den regelmäßigen Rhythmus die Willensanstrengung überflüssig. Bei Aufgaben, die unterschiedlich motivieren, fange ich mit derjenigen an, die mich die größte Überwindung kostet und arbeite mich in Richtung immer leichterer Aufgaben vor.

Bei Konzentrationsproblemen zerlege ich eine größere Aufgabe in Teilschritte von 20-30 Minuten Dauer (je nach Konzentrationsfähigkeit) und lege jeweils danach eine 5-10minütige Pause ein: Nicht län-

ger, weil es sonst zunehmend schwerer wird, weiter-
zuarbeiten. Diese Methode hat sich auch für die Erledi-
gung von Hausaufgaben bei Schülern bewährt.

Entscheidend für die Lebensplanung ist es, dass
ich allen wichtigen Aspekten meines Lebens (siehe
Wertorientierung) Rechnung trage und sie in ein
Gleichgewicht zu bringen versuche. Es gibt Menschen,
die – oft mit Hilfe von Aufputschmitteln - höchst effektiv arbeiten können, aber über lange Zeit ihre Regene-
ration vernachlässigen. Das Ergebnis ist, dass ihre Ar-
beitsleistung nicht nachhaltig aufrecht erhalten werden kann, weil entweder ein körperlicher Zusammen-
bruch oder ein psychischer Konflikt alle Arbeitskraft
raubt. Wer so unökonomisch und übrigens auch un-
ökologisch (denn er beeinträchtigt auch Andere) mit
seinen Kräften umgeht, wird langfristig weniger zu
Wege bringen als jemand, der das Gleichgewicht seiner Kräfte bewahrt und auch mit seiner Umgebung in
Harmonie lebt, weil er ihre berechtigten Ansprüche
berücksichtigt.

Wer ein dauerhaftes Gleichgewicht finden will, tut
gut daran, mehrere Standbeine zu entwickeln. Verfügt
man über nur eine berufliche Qualifikation, so hat das
häufig eine einseitige Lebensgestaltung zur Folge, vor
allem aber führt es dazu, dass man Veränderungen
des Arbeitsmarktes stärker ausgeliefert ist. Vielseitig
entwickelte Fähigkeiten sind eine Grundlage für unsere Zukunftsfähigkeit. Dass man ein Leben lang den
gleichen Beruf ausübt, wird bald die Ausnahme sein.

Ganze Berufsfelder verschwinden, während neue entstehen. Der Mensch der Zukunft wird in der Lage sein müssen, vielleicht sogar gleichzeitig mehrere Berufe auszuüben. Selbständigkeit und Kreativität werden immer mehr an die Stelle von Abhängigkeit und Fremdbestimmung treten. Unternehmerische Fähigkeiten sind gefordert, die Bereitschaft auf veränderte Bedingungen rasch zu reagieren. Auch für die seelische Stabilität ist es sinnvoll, wenn man sein Selbstvertrauen aus nicht nur einer Quelle bezieht, eher intellektuelle Tätigkeiten durch praktische, handwerkliche ergänzt und ausgleicht und neben der traditionellen Erwerbsarbeit in anderen Bereichen zur Lebenshaltung beitragen kann.

Die göttlichen Tugenden und Eigenschaften sind alle klar und offenbar; sie wurden in allen heiligen Büchern erwähnt und beschrieben. Unter ihnen sind Vertrauenswürdigkeit, Wahrhaftigkeit, Reinheit des Herzens in der Zwiesprache mit Gott, Langmut, Ergebenheit in alles, was der Allmächtige verordnet, Zufriedenheit mit allem, was Sein Wille bestimmt, Geduld, ja Dankbarkeit inmitten von Leiderfahrungen und vollkommenes Vertrauen auf Ihn in allen Lebenslagen.

Bahá´u´lláh

Ährenlese, S. 253

Der Herrscher eines großen Reiches litt seit einiger Zeit an einer geheimnisvollen Krankheit, die keiner der hinzugezogenen Ärzte heilen konnte. Es hatte damit begonnen, dass ihm das Essen nicht mehr schmeckte. Eine Woche später stand er morgens nicht mehr auf, blieb im Bett liegen und starrte an die Decke. Sein Gesicht wurde immer blasser, die Wangen fielen ein und bald war er nicht mehr in der Lage sich alleine aufzurichten.

Im ganzen Reich wurden Boten ausgesandt, um jemanden zu finden, der dem König helfen konnte, jedoch vergebens.

Eines Morgens hörte der König durch das geöffnete Fenster seines Schlafgemachs eine Stimme, die voller Freude eine wunderbare Melodie sang.

„Geh zum Fenster und sage mir, wer dort singt!" befahl der König seinem Diener. Der tat wie geheißen, ging zum Fenster und blickte hinab. „Es ist einer Deiner Gärtner, der gerade dabei ist ein Loch zu graben, Majestät."

„Bring ihn herauf zu mir!" Der Diener gehorchte und erschien nach wenigen Minuten mit einem jungen Mann, der verlegen vor seinen König trat.

„Sage mir, Gärtner, was dich veranlasst hat, unter meinem Schlafgemach so fröhlich zu singen! Weißt du nicht, dass ich schwer krank bin?"

„Doch, Majestät. Aber ich dachte, dass Euch mein Gesang vielleicht ein wenig aufmuntern könnte."

„Hast du nur aus diesem Grund gesungen?"

„Nein, Majestät. Ich war gerade dabei ein Loch auszuheben, in das ein Walnussbaum gepflanzt werden soll. Und dabei dachte ich daran, wie in vielen Jahren, wenn er groß geworden ist, seine Nüsse denen schmecken werden, die dann geboren sind."

„Und das hat dich mit solcher Freude erfüllt?"

„Ja, Majestät. Ich dachte dabei auch an meinen Großvater, der vor langer Zeit in unserem Garten einen Nussbaum pflanzte und daran, wie die Nüsse mir schmeckten, die ich gesammelt habe."

Diese Worte berührten den König sehr. Er erinnerte sich an seine eigene Kindheit und die Pläne, die er damals geschmiedet hatte. Sein größter Wunsch war gewesen, Herrscher eines noch gewaltigeren Reiches zu werden als es sein Vater war. Es hatte ihn Jahrzehnte gekostet, bis er am Ziel war. Als alle Schlachten geschlagen und die eroberten Gebiete unterworfen waren, hatte er eine Zeit lang von Stolz erfüllt die Karten betrachtet, die die ganze Ausdehnung seiner Macht zeigten. Einige Zeit danach war er krank geworden.

„Ich danke dir, Gärtner, für die Lehre, die du mir gegeben hast. Wenn du in Zukunft etwas benötigst, kannst du zu mir kommen."

Dann bat er seinen Diener, ihm etwas zu essen zu bringen. Am nächsten Tag stand er zum ersten Mal wieder auf.

9

DANKBARKEIT, BESCHEIDENHEIT UND DEMUT

Wer die Gesetze der Schöpfung zu begreifen beginnt und sich selbst als ihr Teil und als Beschenkter erfährt, wer erlebt, wie das Leben sich wie eine Blüte vor seinem erkennenden Blick entfaltet und zum offenbaren Geheimnis wird, wer zunehmend ein Gespür für die geistigen Zusammenhänge und die Fähigkeit entwickelt, situationsgerecht zu reagieren und dadurch Wachstumsimpulse geben kann, der wird wie von selbst Dankbarkeit empfinden.

Dankbarkeit stellt sich ein, wenn es gelingt, in Einklang mit der Schöpfung zu leben. Sie ist die Frucht eines den geistigen Gesetzen entsprechenden Verhaltens, denn dieses hält eine Vielzahl von Belohnungen bereit.

Wer seine Fähigkeiten und Anlagen nutzt und weiterentwickelt, erlebt immer wieder die Freude des Kindes, das laufen lernt. Selbstvertrauen, Zufriedenheit und ein selbst geschaffenes Gefühl der Sicherheit, Anforderungen gewachsen zu sein sind bereits reichlicher Lohn für selbständiges Bemühen.

Wer seine Fähigkeiten bewusst eingliedert in sein soziales Umfeld, wer nicht nur für sich, sondern auch im Sinne des Gemeinwohls arbeitet, wird dafür Anerkennung, Wertschätzung und Zuneigung erhalten. Wer in diesem Sinne sinnvolle und befriedigende Aufgaben wahrnimmt und gleichzeitig sich bewusst ist, dass er ständig aus Leistungen Anderer Gewinn zieht, die er schätzen gelernt hat, der fühlt sich am richtigen Platz. Es fällt ihm nicht schwer, bescheiden zu sein, denn er weiß um seine Grenzen, er kennt seine Abhängigkeit von Anderen und muss sich dennoch nicht minderwertig fühlen, weil er seinen möglichen Beitrag leistet. Wenn dann noch das Wissen hinzukommt, Teil einer höheren Ordnung zu sein, an deren irdischer Umsetzung man teilnehmen kann, dann ist es nicht schwer Demut zu empfinden.

Demut und Glück liegen nah beieinander. Je tiefer die Fähigkeit ausgebildet ist, sich selbst als Empfänger göttlicher Gaben zu empfinden, desto stärker wird man Glücksgefühle entwickeln. Es ist ein Geheimnis der Schöpfung, dass der Ichsüchtige, der Egozentriker, der Selbstherrliche, der Undankbare, der Mensch, der nie genug haben kann und, was er auch bekommt, für selbstverständlich hält, sich selbst den Fluch ewiger Unzufriedenheit auflädt. Er hat die Freiheit sich so zu entscheiden, aber die Folgen muss er tragen. Er ist wie ein Süchtiger ewig auf der Suche nach Selbstbefriedigung, ewig von Unruhe erfüllt. Seine Ansprüche können niemals erfüllt werden, seine Schreie bleiben ungehört. Arroganz, Überheblichkeit, Zynismus sind häufig die Ergebnisse einer solchen Lebenshaltung.

Aus der Unfähigkeit, sich selbst aus Einsicht in die Ordnung der Welt einzufügen, die eigenen Rechte und Pflichten gleichermaßen wahrzunehmen, das richtige

Maß zu finden, entsteht das Bedürfnis, sich selbst zum Maßstab zu machen. Und dies führt zu der destruktiven, selbstzerstörerischen und zutiefst asozialen Haltung, alle Anderen geringzuschätzen und als minderwertig zu betrachten. Durch sie wird man unfähig, von Anderen zu lernen.

Die Leugnung einer geistigen Ordnung wirft den Menschen auf sich selbst zurück. Sie lässt ihn selbst zum Ziel aller seiner Bemühungen werden und verurteilt ihn damit zur Einsamkeit. Das Gefühl tiefer Sinnlosigkeit, der Verfall aller Werte ist das Ergebnis, Rücksichtslosigkeit eine logische Folge. Denn wer außer sich selbst, seinem Ego, keine Werte mehr kennt, geht in letzter Konsequenz über Leichen. Wie gebannt in den Irrgarten des eigenen Spiegelbildes starrend, wird er schließlich auch sich selbst nicht mehr sehen, sondern nur noch Leere.

Es ist ein tiefes Symbol, dass der Narziss der griechischen Sage, ein mit großer Schönheit ausgestatteter Jüngling, sich selbst zerstört, indem er, verliebt in sein Spiegelbild blickend, ins Wasser stürzt und ertrinkt.

O Sohn des Geistes!

Gerechtigkeit ist in Meinen Augen das Kostbarste; wende dich nicht von ihr ab, wenn du nach Mir verlangst, und missachte sie nicht, damit Ich dir vertrauen kann. Durch ihre Hilfe wirst du mit deinen eigenen Augen und nicht mit denen anderer sehen und durch die eigene Erkenntnis und nicht durch die deines Nächsten Wissen erlangen. Erwäge in deinem Herzen, wie du sein solltest. Wahrlich: Gerechtigkeit ist Meine Gabe an dich und das Zeichen Meiner Güte. Halte sie dir immer vor Augen.

Bahá 'u 'lláh

Verborgene Worte, S. 8

Es gibt keine Macht auf Erden, die an sieghafter Gewalt der Macht der Gerechtigkeit und Weisheit gleichkäme. (...) Selig der König, der das Banner der Weisheit vor sich entfaltet und voranschreitet, die Heere der Gerechtigkeit hinter sich scharend. Er ist wahrlich der Schmuck, der die Stirn des Friedens und das Antlitz der Sicherheit ziert. Zweifellos würde das Antlitz der Erde völlig verwandelt, wenn die von den Wolken der Tyrannei verdunkelte Sonne der Gerechtigkeit ihr Licht über die Menschen ergösse.

Bahá´u´lláh

Ährenlese, S. 191f.

Ich hatte einen Traum.

Diese Erde war einmal ein Paradies. Es war Licht geworden auf ihr, und was auf ihr lebte, hatte seinen Platz. Das Land war groß und fruchtbar, das Wasser der Flüsse sauber und klar, und es stillte den Durst aller Lebewesen.

Die Menschen fühlten sich als Teil der Erde, und sie nannten sie Mutter. In den Tieren sahen sie ihre Brüder, und wenn sie von ihnen leben mussten, so baten sie ihre Brüder um Vergebung. Die Pflanzen nutzten sie weise, und sie nahmen nicht mehr, als sie für ihr Leben brauchten. Und sie gaben der Erde zurück, was sie genommen hatten, so dass wieder wachsen konnte für zukünftige Generationen.

Der Himmel war unendlich groß und klar, und die Menschen fühlten ihre Winzigkeit in der Weite des Alls, und ihr Wissen darum machte sie bescheiden und voller Demut. Sie wussten, dass es gut war, so wie es war, und ihre Herzen waren voller Dankbarkeit.

Und da sie dankbar waren, konnten sie teilen. Es gab auch Zeiten, in denen Not herrschte, aber es war keine von Menschen verschuldete Not, und da sie gelernt hatten, das, was sie hatten, zu teilen, konnten sie auch ihre Not teilen. Und während sie so ihre Nöte verkleinerten, wurden sie selbst größer.

Aber ihr Wissen um ihre Größe ließ sie nicht vermessen werden. Sie ahnten, dass sie nur solange groß sein konnten, wie sie im Einklang mit den Gesetzen des Lebens handelten, und ihre weisen Frauen und Männer gaben dieses Wissen weiter von Generation zu Generation. In diesen Zeiten gab es noch keinen Neid und keine Missgunst unter den Menschen, denn alle hatten, was sie brauchten, und niemand besaß so viel, dass ein anderer darunter leiden musste. Denn es gab keinen, der einen anderen für sich arbeiten ließ, ohne dies durch eine andere Form der Arbeit wieder gut zu machen.

Es gab noch keine Herrscher, und es gab keine Beherrschten. Aber es galt als Tugend, sich selbst zu beherrschen. Das lernten und darin übten sich schon die Kinder. Und da sie dies lernten, wurden sie frei.

So groß war der Wunsch nach dieser wahren Freiheit, der Freiheit von Begierden und kleinlichen Wünschen, der Freiheit von selbstzerstörerischen Emotionen und Trieben, so groß war die Sehnsucht nach der Verwirklichung ihrer geistigen Bestimmung, dass die Menschen bereit waren, all ihren Besitz von sich zu werfen, das wenige, das sie in mühsamer Arbeit errungen hatten, zu verschenken, um sich dieser, ihrer ureigensten Fähigkeit zu vergewissern. Diese Menschen machten wenige Worte, aber ihr Versprechen hielten sie heilig. Und da sie dies wussten, konnten sie einander vertrauen.

Und dieses Vertrauen war auch zwischen Frauen und Männern. Wenn auch ihre Aufgaben unterschiedlich verteilt waren, so wusste doch jeder vom Anderen, dass er sein Bestes tat und achtete ihn dafür. Und da nur die Fähigkeit zählte und die Bereitschaft, der Gemeinschaft zu dienen, hatten oft Frauen das höchste Ansehen.

Frauen schenkten das Leben, und sie waren die Keimzelle der Gemeinschaft. Und von ihnen ging oft die Kraft aus, die die Sippe und den Stamm zusammenhielt. Und die Männer wussten um diese Leben spendende Kraft und verehrten in der großen Mutter das Leben selbst. Und die gegenseitige Achtung, die die Geschlechter füreinander empfanden, teilte sich auch den Kindern mit. Wo Eintracht zwischen den Eltern herrschte, da lernten die Kinder in diesem Vorbild das Gesetz der Schöpfung begreifen. Und ihr Gehorsam war nicht Unterwerfung unter sinnlose Willkür, sondern das Lernen vom Leben selbst und die Voraussetzung für ein Leben in Freiheit. Und da sie im Leben die Auswirkungen ihrer Taten erfuhren, lernten sie im rechten Maß handeln. Sie lernten begreifen, dass dieses Maß in allen Dingen wohnt und *dass ihr Handeln nur dann Aussicht auf Erfolg und Befriedigung bot, wenn sie sich selbst diesem Maß fügten und dieses Maß in sich selbst entwickelten.*

Und in allem, was sie taten, in ihrem täglichen Lebens- und Arbeitsrhythmus, in dem, was sie herstellten und bauten spiegelte sich das Maß, das sie in der Natur erlebten und in sich selbst verwirklichten.

Diese Menschen waren im Gleichgewicht, und so fiel es ihnen nicht schwer, auch mit ihrer Umgebung in Harmonie zu leben und in dem, wie sie handelten, gerecht zu sein.

So konnten sie die Kräfte, die ihnen gegeben waren, zum Guten entwickeln und die Energie, die aus dem inneren Gleichgewicht erwuchs, zum gegenseitigen Nutzen verwenden. Und indem sie so handelten, wurden sie ihrer eigenen Schöpferkraft gewahr und erkannten sich als ein kleines Ebenbild dessen, der sie geschaffen hatte. Und dies erfüllte sie mit Zufriedenheit.

Alles, was sie taten, geschah mit Hingabe, und die Liebe, die sie empfanden, spiegelte sich in ihrem Wesen. Da war nichts klein und unbedeutend genug, dass sie ihm nicht ihre ganze Aufmerksamkeit schenkten. Und so konnten sie auch im Kleinen die Größe der Schöpfung erkennen und mit dem bescheidensten ihrer Werke Anteil nehmen an der gro-

ßen Harmonie. Und sie sahen keine ihrer Tätigkeiten als unwichtig an, denn mit allem, was sie taten, traten sie in Beziehung zum Ganzen.

Und sie wussten, dass mit dem, was sie taten und wie sie es taten, das Ganze erhalten oder zerstört werden konnte, dass jeder Tag eines jeden Menschen ein Baustein war, mit dem das ganze Gebäude stand und wuchs oder ins Wanken geriet und zusammenstürzte.

Das, was sie besaßen, war das Produkt ihrer Arbeit, und der Gedanke, etwas in Besitz zu nehmen, das sie nicht selbst geschaffen hatten, war ihnen unbegreiflich. So wie das Licht und die Wärme der Sonne ihnen allen gehörte, so sahen sie auch die Erde, auf der sie lebten und das Wasser der Flüsse als eine Gabe Gottes für alle an, und das bewahrte sie vor der größten aller Ungerechtigkeiten.

Und da sie sich täglich in dem, was sie taten, erschufen, kannten sie keinen Unterschied zwischen dem, was sie waren und dem, was sie durch ihr Handeln besaßen. Und es gab keinen Besitz, der an die Stelle ihrer inneren Kraft treten konnte, denn die Kraft, aus der sie handelten und das, was sie durch ihr Handeln besaßen, war eins. Und die Vorstellung, dass ein Mensch Besitz anstelle dieser inneren Kraft haben konnte, war ihnen fremd, denn es gab keinen Besitz ohne die Kraft.

Und da diese Kraft mit allem, was sie im Einklang mit sich selbst und der Welt schufen, wuchs, bereitete es ihnen Freude zu schenken, denn auch dies war nur eine Form der Selbstentäußerung, nach der das Schöpferische in ihnen verlangte. Und sie erwarteten keinen Dank, wenn sie schenkten, entsprang es doch ihrem eigenen inneren Wunsch, und sie wussten, dass Dankbarkeit wie das Bedürfnis zu schenken nur von innen kommen kann und eine Reife verlangt, die nicht zu erzwingen ist.

Und die, die beschenkt wurden, konnten empfangen ohne schlechtes Gewissen und ohne die Gabe sogleich vergelten zu müssen, denn sie ahnten, dass die Achtung vor dem Schenkenden ein Zurückzahlen verbot, und dass sie dadurch den Wert des Geschenkes zunichte machen würden. Und so geschahen Geben und Nehmen nicht aus Verpflichtung, sondern aus freiem Willen und Wunsch.

Und auch wenn sich zwei Menschen das größte aller Geschenke machten, folgten sie diesem Gesetz. Wann immer sie im Auge des anderen ihre eigene Grenzenlosigkeit erkannten, war es dieses Gewahrwerden der eigenen Freiheit, das sie zum Geben drängte, ohne nach dem zu fragen, was sie dafür bekamen. Und so konnte auch die körperliche Vereinigung höchster und erfülltester Ausdruck eines Gebenwollens sein, das alles andere vergaß und ganz anspruchslos mehr bekam, als es je hätte wünschen und fordern können. Und in diesem Geiste wuchsen die Kinder heran. Beschenkt von einer Zuwendung, die selbstverständlich war und begleitet in der Gewissheit, dass eines Tages die Liebe, die sie erlebten und die ihnen zuteil wurde, in ihnen aufgehen und Früchte tragen würde.

Und da ihre Eltern selbst von Dankbarkeit erfüllt waren, mussten sie keine Dankbarkeit von den Kindern erwarten und konnten geduldig sein. Und der Zwang und die Gewalt, die aus der Hilflosigkeit kommen, waren ihnen fremd. In dieser Zeit spürte niemand den Wunsch, die als Kind erlittene Erniedrigung durch die Erniedrigung eines Anderen zu rächen. Es war eine Zeit des Friedens und der Gerechtigkeit. Niemand hatte es nötig, einen Anderen zu besiegen und über ihn zu triumphieren, ahnten sie doch, dass dies das Gleichgewicht, das unter ihnen herrschte, zerstören würde. Und niemand war so aus dem Lot, dass er eines Sieges über Andere bedurfte, um sich wieder besser zu fühlen.

Denn die Kraft, das wussten sie, kam aus der Seele und äußerte sich in der Tat. Und eine Kraft, die die Seele eines Anderen zu zerstören versuchte, war keine Kraft, sondern Zeugnis erbärmlicher Schwäche. Und wo keiner die Kraft eines Anderen bezweifelte oder zu schwächen versuchte, da musste sie auch nicht durch Zurschaustellen bewiesen werden. Sie konnte sich ruhig und im Verborgenen entfalten und trat dennoch zutage in ihren Wirkungen und Zeugnissen.

Diese Menschen handelten so, wie ihre schöpferischen Anlagen es von ihnen forderten, und da sie auf diese Weise sich selbst gerecht wurden, konnten sie auch Anderen Gerechtigkeit widerfahren lassen. Im Bewusstsein ihrer Kraft achteten sie die Kraft des Anderen und trugen auch Sorge, dass die, die nach ihnen kamen, menschenwürdig zu leben vermochten.

Indem sie das Gute bewahrten, wurden sie Teil dieser Kraft, und das Wissen, im Einklang mit der Schöpfung zu leben und zu handeln, entlohnte sie reichlich für jedes Opfer und jeden Verzicht.

Damals galt nicht der als angesehen, der viel besaß, sondern der, der viel zu geben hatte und zu großen Opfern bereit war. Solche Menschen wurden zu Führern und zu Vorbildern, denen jeder freiwillig die Achtung schenkte, die ihrer inneren Größe entsprach. Und es gab keinen Anspruch auf Führerschaft, so wenig wie es einen Anspruch darauf gibt, anderen ein Vorbild zu sein. Denn beides konnte nur verdient und freiwillig gewährt und ebenso freiwillig wieder entzogen werden, war es doch ein natürliches Ergebnis eines Handelns, das von Menschen bewundert oder verworfen wurde.

Führerschaft bedeutete damals noch nicht Unterwerfung, und niemand erwartete vom Anderen das, was er nur selbst sich geben konnte. Aus eigener Kraft tätig zu werden, war der Schlüssel, Selbständigkeit war das Geheimnis, aus dem Gleichheit erwuchs, und so war auch kein Grund, den anderen für nicht erfüllte Wünsche verantwortlich zu machen.

Es war eine Zeit, in der jeder das tat, was getan werden musste, aus Freude am Tun und nicht, weil es ein Anderer verlangte.

Das Gefühl ihrer unbestrittenen Würde ließ die Menschen aufrecht gehen, und weil sie sich selbst achteten, fiel es ihnen leicht, auch ihre Kinder zu achten und das in ihnen zu sehen, was aus innerer Kraft zur Vollendung drängte. Diese Entwicklung zu fördern und ermutigend zu begleiten, waren sie Eltern geworden, aber jeder Ältere fühlte diese Verpflichtung. Und so wuchsen die Kinder auf in der Gewissheit, umsorgt und behütet zu sein und übernahmen schon früh die gleiche Verantwortung gegenüber denen, die jünger waren.

Unwichtig war, wer mit wem leiblich verwandt war, denn alle lebten in dem Bewusstsein, Teil einer großen Familie zu sein. Und dies schloss auch die

Fremden nicht aus. Gastfreundschaft wurde heilig gehalten, und wer immer Hilfe und Unterkunft suchte, war aufgenommen in ihre Gemeinschaft. Keinen Unterschied machte es, welcher Hautfarbe oder welcher Herkunft man war, denn der Glaube an den einen Großen Geist, der alles geschaffen hatte, schloss auch den Glauben an alle seine Geschöpfe mit ein. Im Glauben an das Eine, das alles war, fanden die Menschen ihre Erfüllung, und dieses Gefühl der Einheit, teilzuhaben an allem, was war, weitete ihre Herzen. In diesen Seelen wohnte Vertrauen, so groß wie ihr Begreifen und so groß wie ihre Liebe. Über andere Menschen schlecht zu reden, war ihnen ein Verbrechen an der eigenen Seele und ein Mord an der Seele des Anderen. Denn sie wussten um die Größe eines jeden, und so wurde auch, wenn es um die Zukunft der Gemeinschaft ging, ein jeder gehört.

Zuhören zu können galt als Tugend, und im Schweigen übten sie ihre Fähigkeit im Verstehen. Das ehrliche Wort war die Kraft ihrer Beratungen, mit Worten zu kämpfen und überrumpeln zu wollen ein Zeichen der Schwäche. Und wer die Sprache zum Lästern, Fluchen und Beschimpfen benutzte, wurde angesehen als einer, der sich selbst erniedrigte. Solche Menschen ließ man allein, damit sie Zeit und die Ruhe fanden, sich selber wiederzufinden. So groß war die Achtung vor der Größe des Anderen, dass selbst denen, die wiederholt gefehlt und andere ge-

schädigt hatten, niemand Rat oder Weisung auf-
drängte. Man behandelte sie freundlich und voller
Ehrfurcht, wusste man doch, dass sich so am
schnellsten die Einsicht in die eigene Verfehlung ein-
stellen musste. Und da zu den Fehlern des Einen
nicht noch die der Anderen hinzukamen, fiel es dem
Einzelnen leichter, aus Selbsterkenntnis zu lernen.
Dadurch, dass man über die Schwächen der Anderen hinwegsah, blieb für die Bekämpfung der eigenen Schwächen alle Kraft übrig, und es konnte
wachsen, was sonst sinnlos in Kampf und Verteidigung verbraucht worden wäre. Und niemand hatte
es nötig, um die eigenen Schwächen vergessen zu
machen, nach denen der Anderen zu suchen. Und so
hatte auch keiner Anlass, sich als Opfer zu fühlen,
andere schuldig zu sprechen und das eigene Versagen mit fremdem Versagen zu rechtfertigen. Jeder
war verantwortlich für das eigene Wachsen, und dieses Wissen machte wahrhaft frei.

Jeder Mensch war bescheidener Teil und gleichzeitig Mittelpunkt allen Seins, denn ein jeder wusste,
dass es von ihm abhing, was geschah. Und dies zu
entscheiden, war jeder geboren: Teil zu nehmen am
Aufbau des Ganzen, ein jeder ein Ebenbild Gottes.

Diese Menschen kannten nicht das Gefühl, ohn-
mächtig zu sein. Ihre Freiheit, selbst zu entscheiden,
schloss auch die letzte Möglichkeit ein: Sich selbst

für das Ganze zu opfern. Und dies machte sie unbesiegbar.

Höchste Verpflichtung aber war es ihnen, ihre Anlagen, mit denen sie begabt worden waren, zu Fähigkeiten zu machen. Auf diese Art zeigten sie ihre Dankbarkeit und ehrten den, der sie erschaffen hatte.

Sie ahnten, dass die Geringschätzung und Vergeudung ihrer Gaben sie in Unzufriedenheit, Haltlosigkeit und Ohnmacht zurücklassen würde. Und da sie im rechten Handeln Bestätigung und Nahrung fanden und reichlichen Lohn für ihre Bemühung, wuchs ihr Wille wie der Schößling, der im Drang nach dem Licht den stärksten Felsen durchbricht. Und ihr Wille wurde zum Pfeil, der von der Bogensehne ihrer Sehnsucht geschnellt auf geradem Weg der Sonne entgegenflog.

Um ihre Spannkraft zu stärken, lernten sie fasten, und sie übten sich im Ertragen von Schmerz. Ihre Weisen wussten, dass die Fähigkeit zum Erreichen großer Ziele Selbstüberwindung voraussetzt und dass nur der seine Ziele erreichte, der zu großen Opfern bereit war.

Und keiner konnte als Erwachsener gelten, der nicht durch eine Prüfung der Entbehrung und des Verzichts gegangen war. In völliger Einsamkeit drei

Tage enthaltsam von Speise und Trank musste der Sucher verbringen, um seine Bestimmung zu finden.

Ein Zeichen war dies, dass hier jeder allein war, ein Keim, ganz für sich, der in sich den Weg zur Vision und die Wahrheit selbständig suchen musste. Denn dies war die Frucht seiner Einzigartigkeit.

Diese Menschen vertrauten auf ihre Intuition, wussten sie doch, dass nichts, was ihnen begegnete und widerfuhr zufällig war, sondern dass ihnen nur das als reife Frucht zufiel, wozu ihre Seele auf ihrem Wege bereit und fähig geworden war.

Und hatten sie einmal gefunden, so hielten die fest an ihrer Vision mit der Treue, die aus dem Wissen um die eigene Bestimmung kam. Und diese Treue zu sich selbst ließ sie zum Felsen werden, auf den Andere bauen konnten. Denn auch die Treue zum Anderen, die Fähigkeit, am rechten Handeln festzuhalten, war nichts als Ergebnis und Ausdruck der Treue, die man sich selbst schuldete.

Und wer sich selbst als Teil einer geistigen Welt, wer seinen eigenen Geist als Abkömmling und Spiegel eines viel Größeren erfahren, wer seine wahre Heimat geschaut hatte, der konnte dies alles nicht mehr verwerfen und sich selbst und seinem höchsten Ziel untreu werden.

Dieses innere Feuer zu hüten und täglich aufs Neue zu entfachen, war ihre höchste Verpflichtung, damit die Flamme niemals verlosch.

Mit jedem Aufgang der Sonne erneuerte sich ihre Gewissheit, Teil eines gewaltigen Ganzen zu sein. Und da sie sahen, dass es gut war, blieben sie dankbar.

Und sie sahen die Jahreszeiten kommen und gehen und den ewigen Kreislauf der Zeit, und wenn sie die Erde verlassen mussten, gingen sie in Frieden.

Diese Erde war einmal ein Paradies.

Viele haben diesen Traum geträumt und viele träumen ihn noch immer. Aber sie richten ihn in die Vergangenheit. Sie suchen ihn in vergangenen Kulturen. Doch auch dort wurde er nur in Ansätzen verwirklicht, die über die ganze Erde verstreut waren.

Was aber geschieht, wenn alle diese Suchenden erkennen, dass man Träume nicht wie Erinnerungen, sondern wie Visionen behandeln muss: Als Entwürfe unserer erkennenden Seele, die verwirklicht werden wollen.

Wenn wir dies tun, werden wir viel von alten Kulturen lernen können. Dann können die Träume der Menschheit ihre Zukunft werden.

10

DAS LEBENSPRINZIP DER GERECHTIGKEIT

Gerechtigkeit ist das Grundgesetz aller Harmonie und Einheit, Dreh- und Angelpunkt jeder gesunden Entwicklung.

Das Prinzip der Gerechtigkeit wurde schon im Altertum mit dem Gleichnis der Waage veranschaulicht. In der chinesischen Philosophie wird es als Gleichgewicht der Kräfte verstanden, als ein Gleichgewicht, das auf allen Ebenen des Lebens existiert und aufrechterhalten werden muss, um Leben zu bewahren.

Dabei kommt dem Menschen als einem Geschöpf beider Welten, der geistigen und der materiellen, die Funktion des Bewahrers des Gleichgewichts zu. Seine Aufgabe ist gleichzeitig die eines Vermittlers. Als geistiges Wesen kann und soll er die Entwicklung des irdischen Lebens vorantreiben, indem er geistige Gesetze im praktischen Handeln verwirklicht. Es reicht nicht aus, dass er die physikalischen Gesetze erkennt und für die Verbesserung der materiellen Lebensbedingungen nutzt. Erst wenn er dies im Einklang mit den geistigen Entwicklungsgesetzen tut, ist ein gesundes Wachstum auch auf der materiellen Ebene möglich.

Ein solcher Mensch nimmt Anteil an der Aufrechterhaltung der Harmonie der Schöpfung, an ihrer dynamischen Entwicklung im Rahmen einer ständig und wahrhaft fortschreitenden Zivilisation.

Dies verlangt aber auch die Herstellung einer inneren Harmonie, eines Gleichgewichts der Kräfte im Menschen selbst und soziale Gerechtigkeit, das heißt gleichberechtigten Zugang zu materiellem Wohlstand und geistigem Fortschritt durch Erziehung und Bildung.

Der Mensch ist der Schlüsselfaktor für die Bewahrung bzw. Wiederherstellung des Gleichgewichts auf allen Ebenen des Lebens. Er allein ist in der Lage, das physikalische, biologische und soziale Gleichgewicht auf diesem Planeten zu zerstören. Er hat aber auch als Einziger die Möglichkeit, unter verantwortungsbewusster Anwendung geistiger und physikalischer Gesetze den göttlichen Auftrag der Bewahrung der Schöpfung zu erfüllen.

Dabei ist es hilfreich zu erkennen, in welchem alle Bereiche der Wirklichkeit durchdringenden Maße das Gesetz des Gleichgewichts die Welt regiert und ihre Existenz bedingt.

Im Bereich des Mikrokosmos geht die heutige Physik davon aus, dass Materie und Antimaterie sich die Waage halten. Dem Gesetz der Gravitation entspricht als Gegengewicht das Prinzip der Fliehkraft und bildet mit ihm eine Einheit der Gegensätze, die dafür sorgt, dass die Planetensysteme stabil bleiben. Ein von der Schwerkraft allein beeinflusstes System würde sich im Zusammenprall der Himmelskörper selbst vernichten.

Im atomaren Bereich finden wir ähnliche Verhältnisse wie im Weltall. Atomkerne, bestehend aus positiv geladenen Protonen und Neutronen, die wie Fix-
sterne von negativ geladenen Elektronen umkreist
werden, wobei positiv und negativ geladene Teilchen
sich die Waage halten.

Die Gesetze der Elektrizität und des Magnetis-
mus, denen jedes physikalische Phänomen unterworfen ist, beruhen auf der Einheit gegensätzlicher Kräfte.

Eine wesentliche Errungenschaft der Biologie war
die Entdeckung der Grundlagen des ökologischen
Gleichgewichts unseres Planeten: Die Erkenntnis einer
umfassenden Vernetzung und gegenseitigen Abhängigkeit aller Lebensvorgänge. Langsam beginnt man
zu verstehen, in welchem Maße unbedachte Eingriffe
des Menschen irreparable Schäden anrichten und ihm
die eigenen Lebensgrundlagen entziehen können.

Zu diesen gehört das Gleichgewicht zwischen
Sauerstoff bildenden und Kohlendioxid verbrauchenden Pflanzen und Sauerstoff verbrauchenden und
Kohlendioxid ausscheidenden Organismen (Tieren
und Menschen), von dem alle Lebensprozesse auf der
Erde abhängen und das durch menschliches Fehlverhalten bereits empfindlich destabilisiert wurde.

Aus der Wirkungsweise dieser gegensätzlichen
Kräfte lassen sich Gesetzmäßigkeiten für das allgemei-
ne Verhältnis von Verbrauch (Konsum) und Rückver-
wandlung (Recycling) ableiten. Auf Dauer ist unser Planet nur lebensfähig, wenn die abbauenden Prozesse

des weltweiten Verbrauchs durch aufbauende Prozesse ausgeglichen werden. Dies ist die Voraussetzung für eine nachhaltige Entwicklung, die auch zukünftigen Generationen noch Lebensmöglichkeiten garantiert. Aus dieser Einsicht heraus erweist sich die weit verbreitete Orientierung an permanentem wirtschaftlichen Wachstum als selbstmörderische Wahnidee, als Parasitismus am Leben unserer Nachkommen. Dies wurde bereits vor mehr als 40 Jahren vom Club of Rome in der Analyse „Grenzen des Wachstums" wissenschaftlich belegt.

Gerechtigkeit ist also keine bloß moralische Kategorie. Sie ist das Lebensprinzip, das jeder gesunden Entwicklung zu Grunde liegt. Überall da, wo Teile eines lebendigen Systems ein Übergewicht auf Kosten anderer gewinnen, leidet der Gesamtorganismus, geht er langfristig zugrunde. Die Gegenwart liefert anschauliche Beispiele für diese Aussage.

Noch nie in der Geschichte der Menschheit gab es soviel materiellen Reichtum wie heute. Aber um welchen Preis? Dieser Fortschritt wurde mit der Verelendung von Milliarden Menschen bezahlt. Denn auch das gab es noch nie: Ein Viertel der Menschheit hat weniger als es zum Leben benötigt. „Von den 50 reichsten Menschen der Erde hat jeder einzelne ein Jahreseinkommen, das für sich alleine das addierte Jahreseinkommen der 1,5 Milliarden ärmsten Menschen übertrifft." (P. Spiegel u.a., Chancen, Projekte zur nachhaltigen Gestaltung der Globalisierung, Stuttgart 1999, S. 31)

Ein Wirtschaftssystem von solcher Ungerechtigkeit, das die Starken progressiv begünstigt und die Armen fortschreitend benachteiligt, zerstört die eigenen Existenzgrundlagen. Sein krebsartiges Wuchern, das auf einseitigem Ressourcenfluss beruht, entzieht den anderen Teilen des Menschheitskörpers zunehmend die Lebenskräfte und schneidet sich damit die eigene Energiezufuhr ab. Die ausschließlich am kurzfristigen Profit orientierte Warenproduktion vernichtet fortschreitend ihre potentiellen Abnehmer und Produzenten und bereitet so den eigenen Kollaps vor.

Dabei ist noch nicht berücksichtigt, dass viele der Benachteiligten dieses Systems Formen der Gegenwehr wählen, die den Zerfallsprozess beschleunigen. Kriminelle Gewaltakte mehren sich gerade angesichts der um sich greifenden Korruption der Spitzenverdiener und zeigen vergleichbare Zuwachsraten. Die Bereitschaft sich an die Gesetze zu halten sinkt mit jedem bekannt werdenden öffentlichen Skandal. Auch hier also setzt sich das Gesetz des Gleichgewichts, allerdings wenig konstruktiv, durch. Je mehr Menschen ihres Rechts auf menschenwürdige Entwicklung und Sicherung ihrer Existenz beraubt werden, umso mehr versuchen, sich auf unrechtmäßige Weise schadlos zu halten.

Unsere Welt ist aus dem Gleichgewicht geraten wie nie zuvor in ihrer Geschichte. Hemmungslose Ausbeutung von Menschen und natürlichen Ressourcen, ebenso hemmungslose Vergiftung der Erde, des Wassers, der Atmosphäre durch die Abfallprodukte einer alle moralischen Grenzen überschreitenden Warengesellschaft, Menschen, die wie Süchtige materiellen Ersatzbefriedigungen nachjagen und dabei ihre geistige Orientierung, ihr inneres Gleichgewicht und schließlich sich selbst verlieren, das sind die Warnsignale einer Entwicklung, die die zivilisatorischen Errungenschaften der Vergangenheit zu zerstören droht.

Menschenrechte werden außer Kraft gesetzt, damit die Gewinne von Aktionären und Devisenspekulanten steigen können. Ein wild gewordener Kapitalismus, getrieben vom blinden Zwang zur Fusion, zur Machtkonzentration, zwingt Regierungen zum Abbau von Umweltschutzauflagen, Sozialstandards und Arbeitsrechten und schließt ganze Kontinente von sozioökonomischen Entwicklungen aus.

Immer lauter wird der Ruf nach weltweit gültigen, gerechten Wirtschaftsgesetzen, einer globalen, auf Gleichberechtigung beruhenden Regierungsform, die dem Entwicklungsstand der Gesellschaft angepasst ist, dem Ausmaß an real existierender gegenseitiger Abhängigkeit. Diese auf Erkenntnis der Zusammenhänge basierenden Forderungen markieren den Beginn einer neuen Evolutionsstufe der menschlichen Gesellschaft: Der Stufe globaler Gerechtigkeit, die die Einheit der Menschheit vorbereitet.

Immer mehr Menschen auf allen Ebenen der Gesellschaft erkennen, dass gehandelt werden muss. Zunehmend finden Visionäre Gehör bei denjenigen Mächtigen, die sich nicht länger zu Erfüllungsgehilfen selbst geschaffener ökonomischer Zwänge machen lassen wollen.

Wie nie zuvor ist jeder Einzelne aufgerufen, auch einen Beitrag zur Herstellung sozialer Gerechtigkeit und wirtschaftlicher Nachhaltigkeit zu leisten. Denn in einer global vernetzten Gesellschaft kann sich keiner mehr zurückziehen und nur um das eigene Seelenheil besorgt eine innere Balance herzustellen versuchen. Ab einem bestimmten Grad gesellschaftlicher Zerrüttung werden alle Mitglieder des Gesamtorganismus so weit von den Zerfallsprozessen betroffen, dass ein Verharren in kritischer Nachdenklichkeit oder Gleichgültigkeit selbstzerstörerisch wird. Wir haben nur noch die Wahl, aktiv zu werden oder durch Passivität die Probleme zu vergrößern. Allerdings setzt ein sinnvolles Eingreifen in gesellschaftliche Prozesse ein Verständnis für die prinzipielle Bedeutung der Gerechtigkeit voraus, das auf individueller Ebene sowie durch Interaktion mit anderen Menschen vertieft werden kann.

Was bedeutet das Prinzip der Gerechtigkeit für den Einzelnen?

Zunächst einmal besteht die Aufgabe darin, die eigenen Kräfte, Fähigkeiten, aber auch die natürlichen Bedürfnisse und Aufgaben in ein entwicklungsfähiges Gleichgewicht zu bringen. Wer seinem Erholungsbedürfnis nicht gerecht wird, kann auch in der Arbeitszeit weniger leisten und wird auch weniger Freude empfinden. Die Bedürfnisse von Körper, Seele und Geist müssen berücksichtigt werden. Denn ihre Befriedigung ist die Bedingung für gesundes Wachstum. Wer seinen Körper verfallen lässt, braucht sich nicht zu wundern, wenn auch die geistige Leistungsfähigkeit abnimmt. Wer seinem Geist keine Anregungen und Herausforderungen mehr zumutet, wird sich dem Problem der Sinnlosigkeit, Langeweile und langfristig der Verkalkung ausgesetzt sehen. Und wer seine Gefühle verdrängt, ignoriert und missachtet, wird bald nichts mehr haben, wofür es sich lohnt zu leben.

Keine dieser Gaben Gottes sollte man gering schätzen und ungenutzt lassen, denn ein bewusster, zunehmend disziplinierter Umgang mit ihnen wird Wachstum auf allen Ebenen zur Folge haben. Selbst der Körper, der dem Gesetz des Verfalls unterliegt, kann im Alter zu einem immer sensibleren Wahrnehmungsorgan gemacht werden, mit dem sich Fehlentwicklungen rechtzeitig erkennen lassen, die ein mit Energie überreichlich ausgestatteter junger Mensch übersehen würde.

Die nächst höhere Ebene ist die der persönlichen Beziehungen. Hier ist es besonders offensichtlich, welche Folgen die Missachtung des Prinzips der Gerechtigkeit hat. Durch die Wechselwirkung zwischen verschiedenen Personen werden sowohl positive als auch negative Entwicklungen beschleunigt.

Nur wenn Geben und Empfangen im Gleichgewicht sind, ist eine Beziehung befriedigend, Wachstum fördernd und für beide Teile von Vorteil. Egoistisches Beharren auf Erfüllung der eigenen Erwartungen, das die eigenen Wünsche denen des Anderen überordnet, der kindliche Versuch, den Partner für seine Zwecke zu instrumentalisieren und auszunutzen, das heißt Einstellungen, die nicht von der Gleichwertigkeit und Gleichberechtigung beider Partner ausgehen, machen eine reife Beziehung unmöglich und wirken oft außerordentlich destruktiv. Das Gesetz der Kreativität wirkt auch hier. Wer nicht zunächst bereit ist, etwas zu geben, der wird nichts empfangen, zumindest nicht langfristig.

In der Phase der Kindheit konnten wir mit Recht etwas erwarten, ohne dafür etwas gegeben zu haben. Im Reifealter, dessen Merkmal die Fähigkeit zu gleichwertigen Beziehungen ist, muss der Versuch, in kindliche Verhaltensmuster zurückzufallen, destruktiv werden.

Wer erwachsen ist und nicht gelernt hat zu lieben, wird auch keine Liebe empfangen können, und selbst wenn sie ihm für eine gewisse Zeit entgegengebracht wird, kann er sie nicht begreifen und schätzen und bleibt ausgeschlossen von dem Glücksgefühl, das gleichzeitiges Geben und Empfangen auslösen.

Es ist das Gefühl, das alle schöpferischen Prozesse begleitet, das Gefühl angeschlossen zu sein an eine höhere Energiequelle, eine Kraft, die den selbstlos Handelnden beschenkt.

Wer vorbehaltlos geben gelernt hat, wird im Auge des Anderen sein höheres Selbst erkennen. Wer sich zum ständigen Nehmenwollen verurteilt, wird ewig frustriert und mit seiner eigenen Niedrigkeit konfrontiert.

Wenn wir verstehen, dass die Sehnsucht nach Liebe im Kern die Sehnsucht nach Höherentwicklung ist, nach gemeinsamem Wachstum, nach Partnerschaft und gegenseitiger Unterstützung auf dem Weg der Vervollkommnung, dann werden wir den Anderen nicht mehr für unsere eigenen beschränkten Zwecke missbrauchen, sondern selbst zu seinem Helfer werden wollen. Und erst dann werden wir das Glück des Anderen als unser eigenes empfinden können.

Gerechtigkeit in Beziehungen heißt dem Anderen und sich selbst gerecht zu werden. Indem ich den Partner mit den Augen der Liebe als gleichwertiges Geschöpf Gottes sehe, sein Entwicklungspotential für wahr nehme, werde ich nicht nur ihm, sondern auch mir selbst gerecht, denn dadurch öffne ich auch mir das Tor geistigen Wachstums. Je mehr ich den Anderen verstehe, umso größer wird mein geistiger Horizont, umso leichter wird es auch für den Anderen, Verständnis und Wertschätzung mir entgegenzubringen und mich in meinen Fähigkeiten zu ermutigen. Während die Haltung des Forderns, der Erwartung, das eigene Entwicklungs- und Handlungspotential blockiert, befreit die Haltung des Gebens und Verstehens sowohl das eigene als auch das Handlungspotential des Anderen. Sie löst einen gemeinsamen Lernprozess aus, in dem nicht mehr nur jeder für sich vorankommt, sondern in dem man sich gegenseitig über Hindernisse hinweg hebt, die der Einzelne nicht überwinden könnte. Indem wir uns Anderen liebend zuwenden, heilen wir auch ein Stück von uns selbst.

Wir befreien uns aus dem Teufelskreis der Erwartungen und Enttäuschungen und begeben uns – nun nicht mehr allein – auf den Weg gegenseitiger Erleuchtung.

Plötzlich ist man nicht mehr nur angewiesen auf die eigene Fähigkeit der Erkenntnis, sondern kann von den Fähigkeiten des Anderen profitieren. Und da dieser in ganz andere Bereiche vorzudringen vermag als man selbst, kann er Anregungen geben, die hilfreich sind, wenn man sich in Sackgassen verrannt hat.

In der geistigen Begegnung mit dem Partner wird es möglich, auch verzerrte Selbstwahrnehmungen zu korrigieren. Selbsterkenntnis in einsamer Selbstbetrachtung vermag oft nicht die Grenzen lebenslanger Einbildungen zu überschreiten. Wir haben ein Selbstbild, in dem sich Reaktionsmuster und Gewohnheiten unserer Kindheit niedergeschlagen haben, die aber oft nicht der Realität entsprechen und kontraproduktiv sind. Der Eine bildet sich Talente und Fähigkeiten ein, die er gar nicht besitzt, der Andere unterschätzt sich massiv und kann dadurch in bestimmten Bereichen sein Potential nicht entwickeln. Falsche und illusionäre Verhaltensmuster wie Trotz, Beleidigtsein und unbewusstes Zurschaustellen von Hilflosigkeit, die in der Kindheit vielleicht noch Erfolg versprechende Stra tegien waren, weil sie die mitleidige Mutter auf den Plan riefen, werden auch im Erwachsenenalter noch praktiziert, obwohl sie weder zum Ziel führen noch Selbständigkeit fördern, sondern eher Abhängigkeiten schaffen.

Ein falsches Selbstbild wird oft mit der eigenen Persönlichkeit verwechselt und beim Zusammenprall mit der Realität angstvoll verteidigt. Anstatt das Selbstbild in Frage zu stellen und damit die eigene Handlungsfähigkeit zu verbessern, wird die Schuld bei der Umwelt, den Mitmenschen gesucht, denen man feindliche Absichten unterstellt. Selbsterkenntnis wird so oft durch aggressive Selbstverteidigung ersetzt, die das Problem eher vertieft als löst, da sie die gesamte Energie bindet. Je problematischer und unangepasster die Reaktionsmuster sind, desto verzweifelter wird meist das falsche Selbstbild verteidigt.

Indem wir uns gegenseitig helfen, unsere verzerrten Selbsteinschätzungen geradezurücken, werden wir realitätsfähiger. Wer mit dem Auge der Liebe sieht, wird die Stärken des Partners für die Überwindung seiner Schwächen nutzen und ihm Mut machen können, wo der Kritiker Ängste und Verteidigungsreaktionen hervorruft.

Gerechtigkeit wird somit zur Grundlage, auf der gemeinsames Wachstum gedeiht. Wer den Anderen versteht und ihm gerecht zu werden versucht, leitet damit auch einen Selbstheilungsprozess ein. Rückwärtsgewandte Strategien werden durch entwicklungsorientierte Lösungsstrategien ersetzt.

Gerechtigkeit ist nur als Doppelstrategie, das heißt nach außen und innen gerichtet, realisierbar. Die eigenen und die Entwicklungsbedürfnisse der Mitwelt müssen gleichermaßen berücksichtigt werden und miteinander in Einklang gebracht werden.

Nach außen erfordert sie Offenheit, die Fähigkeit sich auf die Situation, die seelische Lage, die Vorstellungen und die Einstellungen des Anderen einzulassen, sich in ihn hineinzuversetzen. So einfach das klingt, so schwer ist es oft. Denn auch bei diesem Versuch nehmen wir unsere eigenen Vorstellungen und Vorurteile, unsere charakterlich verfestigten Einstellungen mit, meist auch unsere Absichten und Wünsche. Und diese sind uns besonders im Weg. Es ist nicht leicht, dies alles fallen zu lassen und sich in völliger Selbstlosigkeit auf den Anderen einzustimmen. Dies ist die gleiche Übung, die der kreative Prozess erfordert, was nicht heißt, dass sie kreativeren Menschen immer gelingt. Aber die Erfahrung geistigen Wachstums, die kreative Prozesse begleitet, kann den Mut, die Entschlossenheit und die Geduld verstärken, die man braucht, um sich selbst loszulassen und für den Anderen aufnahmefähig zu werden.

Nach innen gerichtet bedeutet Gerechtigkeit, sich von allen fremden Einflüssen zu lösen. Das heißt aber auch, die eigenen, aus der Vergangenheit stammenden und meist in der Kindheit übernommenen Grundsätze und Vorstellungen zu hinterfragen, kritisch auf ihre Tragfähigkeit zu überprüfen. Es bedeutet sich endgültig von kindlicher Nachahmung zu befreien, die unsere ersten Lernprozesse ermöglichte, im Alter der Reife und Selbstbestimmung aber zum Hindernis geworden ist.

Wie viele Menschen verteidigen die von ihren Eltern unbewusst übernommenen Einstellungen bis ins hohe Alter als endgültige Wahrheiten und lassen von Werten, die niemals kritisch überprüft wurden, ihr Leben beherrschen!

Das geht über traditionelle Ehrbegriffe, geschlechtsspezifische Rollenerwartungen bis hin zu der Ansicht, die Prügelstrafe sei in der Erziehung unverzichtbar, schließlich habe man diese Methode ja selbst auch ohne Schaden überstanden. Eine Auffassung, die tiefen Einblick in seelische Deformationsprozesse gewährt und zeigt, wie sehr auch leidvolle Erfahrungen verdrängt, verklärt und aus einer geistig-pädagogischen Hilflosigkeit heraus zu Heilmethoden umgedeutet werden können. Auf der anderen Seite finden wir die genauso blinde, reflexartige Ablehnung elterlicher Einstellungen.

Sich selbst Gerechtigkeit widerfahren zu lassen, bedeutet also letztlich, sein Leben auf selbst erkannte Werte aufzubauen, sich frei zu machen von Einstellungen und Verhaltensweisen, die auf unbewussten, zur Gewohnheit gewordenen Reaktionen und übernommenen Handlungsmustern beruhen, die Teil der eigenen Persönlichkeit geworden sind und häufig damit verwechselt werden.

Die Gesetze der eigenen Reaktionsmuster zu erkennen ist besonders schwer. Es erfordert zunächst, dass man seine Identität neu definiert. Die eigene Persönlichkeit darf nicht länger als die Summe der in der Vergangenheit angeeigneten Verhaltensweisen hingenommen werden. Denn diese machen den Menschen unfrei, zur Marionette seiner schicksalhaften Prägungen.

Erst eine Selbsterkenntnis, die dazu befähigt, das Labyrinth der eigenen Seele zu durchleuchten, die die Gesetzmäßigkeiten scheinbar spontaner Reaktionen durchschaut und den Weg aus den fast schon lieb gewonnenen Sackgassen weist, eine Selbsterkenntnis, die den Menschen als ein von irdischen Verhaftungen potentiell unabhängiges Wesen definiert und seine geistige Emanzipationsfähigkeit Wirklichkeit werden lässt, kann Freiheit begründen und wird dem Menschen als einem von geistigen Eigenschaften bestimmten Wesen gerecht. Erst wenn ich mich als durch mich selbst veränderbar und steuerbar erkenne, werde ich wahrhaft aktionsfähig und nicht nur blind reaktionsfähig.

Wer diese Stufe erreicht, dessen Leben gerät wieder in Fluss. Er lässt die seelischen Zwangsjacken, die zu Gefängniszellen des Geistes gewordenen Auffassungen hinter sich und begibt sich auf einen Weg voller Entdeckungen. Der Zuwachs an Selbsterkenntnis setzt geistige und körperliche Energien frei. Wo vorher das Gefühl herrschte, mal wieder nicht anders gekonnt zu haben und Ohnmacht sich breit machte, da entstehen jetzt Selbstachtung, Glücksgefühle, Mut und der Glaube, im wahren Sinne handlungsfähig zu sein. Aus ihm wächst der Vorsatz zu neuem bewussten Handeln und daraus die Möglichkeit, in der Begegnung mit der Reaktion der Umwelt die Erkenntnisse zu vertiefen und noch realistischer zu werden.

Der zündende Funke der Wahrheit erscheint erst nach dem Zusammenprall verschiedener Meinungen.

´Abdú l-Bahá

Kleine Auswahl aus Seinen Schriften, S. 15, Nr. 9

Man hatte ihnen gesagt, dass sie mehr Gewinn machen konnten, wenn sie nur noch Mais anbauten. Drei Jahre lang gedieh ihre Saat und die Erträge waren hoch. Im vierten Jahr wuchsen die Stängel schwächer und nach einem Regen waren viele abgeknickt. Im fünften Jahr vernichtete Maisbrand die Ernte und ein Jahr darauf spritzten sie Gift gegen das, was sie Schädlinge nannten. Im siebten Jahr war die Erde so ausgelaugt und vergiftet, dass die Saat nicht mehr aufging.

Jetzt erinnerten sie sich, wie ihre Vorfahren angebaut hatten. Zu jedem Maiskorn hatten sie eine Bohne und einen Kürbiskern in die Erde gelegt. Der Mais wuchs zuerst und die Bohne konnte sich an ihm hochranken. Der Kürbis beschattete mit seinen riesigen Blättern den Boden und hielt ihn feucht. Nach der Ernte ließen sie die Pflanzenreste verrotten und düngten damit die Erde. Solange sie dies taten, hatte es keine Missernte gegeben.

11

POLARITÄT UND STEIGERUNG:
DIE BEDEUTUNG DER GEGENSÄTZE
FÜR DIE ENTWICKLUNG

Wir leben in einer Welt, in der Kampf zum Lebensprinzip gemacht wurde. Konkurrenzkampf treibe die wirtschaftliche Entwicklung voran, verkünden die Vertreter der hemmungslos freien Marktwirtschaft, und verschleiern dabei, dass sie auf diese Weise den Egoismus einer Minderheit zum Herrscher auf einem Gebiet machen, das eigentlich die materiellen Bedürfnisse aller Menschen befriedigen sollte. Neo-Darwinisten aller Schattierungen erklären das Gesetz des Stärkeren zum primären Entwicklungsprinzip und vergessen, dass das Überleben der Arten vor allem Strategien der Zusammenarbeit zu verdanken ist. Von einfachsten Symbioseaktivitäten bis zur Brutpflege und hoch entwickelter Kooperation im Gruppenverband reichen bereits in der Tierwelt die Überlebensstrategien. Und ausgerechnet die Menschheit, die ihre Verbreitung auf dem Planeten in erster Linie ihrer Fähigkeit zur organisierten Zusammenarbeit und zur planmäßigen, auf Erkenntnissen beruhenden Anpassung an Lebensgesetze verdankt, soll hilfloses Opfer blind wirkender Mechanismen sein! Eine absurdere Vorstellung ist kaum denkbar, und doch ist die öffentliche Meinung fast flächendeckend von solchen abergläubischen Ideen geprägt.

Die Auswirkungen dieses Denkens sind verheerend. Sie zeigen bereits in der Erziehung von Kleinkindern im doppelten Sinne durchschlagende Ergebnisse. Erziehung wird als ein Mittel gesehen, unschuldige Nachkommen auf ein Leben als Kämpfer vorzubereiten. Schulen fördern den Konkurrenzkampf in der Hoffnung, Menschen dadurch auf ein Leben in der Ellenbogengesellschaft vorzubereiten, wodurch diese faktisch aufrechterhalten und fortgeschrieben wird. Inzwischen hat sich innerhalb der meisten Wirtschaftsunternehmen die Einsicht durchgesetzt, dass die wichtigste Eigenschaft eines Unternehmens die Teamfähigkeit seiner Mitglieder ist. Dass auch im Verhältnis der Unternehmen, der verschiedenen gesellschaftlichen Kräfte und der Nationen Kooperation besser ist als Kampf und gegenseitige Benachteiligung, wird bisher erst von Wenigen verstanden und in Taten umgesetzt.

Die herrschenden Wirtschaftstheorien sind immer noch einseitig vom Prinzip Eigennutz geprägt. Obwohl dieses sich längst als tödliche Falle für seine Opfer und Organisatoren herausgestellt hat, hält man daran fest. Alternative wirtschaftliche Projekte in aller Welt wie z.B. das der Mikrokredite haben längst gezeigt, dass eine Orientierung am Gemeinnutz auch unter marktwirtschaftlichen Aspekten für alle ein Gewinnspiel ist. Mit Menschen, die auch nur einen bescheidenen Wohlstand haben, lässt sich einfach besser Handel treiben als mit Verhungernden.

Warum aber wird dann festgehalten an überlebten Theorien? Warum verteidigt man sie verbissen gegen bessere Argumente? Könnten vielleicht Denkblockaden die Ursache hierfür sein? Denn es liegt im Wesen der oben dargestellten Ideologien, Feindbilder bis in abstrakte Denkvorgänge beizubehalten. Das Ergebnis ist ein Entweder-Oder-Denken, das ebenso lebensfeindlich wie realitätsfremd ist. Wer glaubt, dass Kampf das herrschende Lebensprinzip ist, kann sich nicht vorstellen, dass der vermeintliche Gegner Problemlösungen liefern könnte. So wird bereits die Verteidigung einer irrigen Theorie gegen eine erprobte Alternative als Sieg verbucht. Wo man gar glaubt, Besitzstände verteidigen zu müssen, wird die Vernunft von vornherein ausgeschaltet. Wer so denkt, hat Schwierigkeiten, Ökonomie und Ökologie als zwei in Wechselwirkung verbundene Faktoren zu sehen. Er wird glauben, "seine" Wirtschaft gegen das ökologische Denken verteidigen zu müssen.

Wenn die Ursache vieler der heutigen Probleme im Denken liegt, müssen Lösungsversuche hier ansetzen.

Der Gedanke der Wechselwirkung, der Dialektik, ist bereits von Sokrates entwickelt und im frühen 19. Jahrhundert von Hegel zur Grundlage seiner Philosophie gemacht worden. Goethe war es, der im Prinzip von Polarität und Steigerung ein Gesetz des Lebens erkannte: Dass jede Entwicklung auf der Wechselwirkung gegensätzlicher Kräfte beruht.

Im menschlichen Organismus werden die grundlegenden Prozesse der Atmung, des Pulses und der Muskeltätigkeit von polaren Vorgängen gesteuert. Einatmen und Ausatmen bedingen sich gegenseitig und ermöglichen in ihrer Wechselwirkung den Austausch von Sauerstoff und Kohlendioxid, ohne den Leben und Wachstum nicht möglich wäre. Der Wechsel von Systole und Diastole, das Zusammenziehen und Erweitern des Herzmuskels, sorgt dafür, dass mit dem Blut Nährstoffe alle Organe und Körperteile erreichen und gleichzeitig die Abfallstoffe abtransportiert und ausgeschieden werden. Auch hier bilden die Gegensätze eine Leben erhaltende Einheit. In der Muskeltätigkeit herrscht das gleiche Gesetz von Anspannung und Entspannung.

Würde jeweils nur eine Seite der Gegensätze zur Wirkung kommen, wäre die Folge Degeneration bzw. der Tod. Nicht mehr betätigte Muskeln verkümmern, überbeanspruchte Muskeln übersäuern, weil das Abfallprodukt Milchsäure nicht mehr weggeschafft werden kann, und werden dadurch gelähmt. Ein Übermaß an Einatmung, Hyperventilation, führt zur Besinnungslosigkeit, weil zuviel Sauerstoff ins Hirn gelangt. Wer nur noch ausatmet, stirbt den Erstickungstod. Die Parallele zur Umweltvergiftung durch unkontrollierten Schadstoffausstoß ist offensichtlich.

Goethe übertrug das Gesetz der Polarität bereits auf das Verhältnis von Denken und Tun:

"Denken und Tun, Tun und Denken, das ist die Summe aller Weisheit, von jeher anerkannt, von jeher geübt, nicht

eingesehen von einem jeden. Beides muss wie Aus- und Einatmen sich im Leben ewig fort hin und wider bewegen; wie Frage und Antwort sollte eins ohne das andere nicht stattfinden. Wer sich zum Gesetz macht, was einem jeden Neugeborenen der Genius des Menschenverstandes heimlich ins Ohr flüstert, das Tun am Denken, das Denken am Tun zu prüfen, der kann nicht irren, und irrt er, so wird er sich bald auf den rechten Weg zurückfinden." (Wilhelm Meisters Wanderjahre)

Das Prinzip der Wechselwirkung ist die Grundlage für Steigerung, das heißt Weiterentwicklung.

So wie die oben beschriebenen biologischen Vorgänge Wachstum und Entwicklung bedingen, so werden auch auf anderen Gebieten des Lebens Fortschritte erst dadurch möglich, dass Gegensätze aufeinander treffen und sich wechselseitig befruchten.

Erst in der Vereinigung des Weiblichen und des Männlichen entsteht neues Leben. Einseitigkeit ist zur ewigen Unfruchtbarkeit verdammt und letztlich zum Aussterben. Übertragen auf geistige Prozesse bedeutet dies, dass nur im Zusammentreffen unterschiedlicher Standpunkte und Ideen Fortschritt stattfinden kann. Wer in Entweder-Oder-Kategorien denkt, verhindert geistigen und materiellen Fortschritt. Im Sowohl-als-auch, in der Vielseitigkeit und Vielgestaltigkeit liegt das Geheimnis des Lebens, in der Wechselwirkung und gegenseitigen Beeinflussung unterschiedlicher Faktoren, Standpunkte und Gedanken.

Wie unendlich fruchtlos und ermüdend sind Diskussionen, in denen festgefahrene Meinungen aufeinanderprallen und keine Entwicklung mehr stattfindet! Sie werden nur noch übertroffen von autoritären Meinungsbildungsprozessen, in denen es darum geht, bereits feststehende Dogmen zu bestätigen.

Ein Blick auf das Leben zeigt, dass Systeme, in denen unversöhnliche Gegensätze oder aber erzwungene Einheit herrschen, zum Untergang verurteilt sind. Beide sind nicht zur Weiterentwicklung fähig, weil sie Lernprozesse systematisch verhindern.   Die Lösung liegt im Prinzip der Polarität und Steigerung.

Dies soll an einem Beispiel erläutert werden.

Wir leben in einer von männlichen Denkmustern und Wertvorstellungen geprägten Welt. Auch in Religionen, die ursprünglich von ganzheitlichen Ideen geprägt waren, haben sich einseitige, am Prinzip Herrschaft und Dominanz orientierte Vorstellungen gegen den Offenbarungsimpuls durchgesetzt. Leben spendende Quellen wurden in betonierte Kanäle gezwängt und ihrer Wirkung weitgehend beraubt. Eine tiefe Gefühle und erhabene Gedanken mobilisierende Ethik wurde in ein Korsett abstrakter Rechtvorschriften und Dogmen gepresst, die männliche Machtinteressen absichern sollten, und damit lahm gelegt.

Männliches Denken, losgelöst von Mitgefühl und Moral, triumphierte auch in der Wissenschaft und ermöglichte den Bau und Einsatz der Atombombe. Kein Wunder, dass sich im gleichen Jahrhundert weibliches

Emanzipationsstreben und Friedensbewegungen verbanden und dem Rüstungswahn als höchster Stufe des Entweder-Oder-Denkens vor der Selbstvernichtung entgegenstellten. Nach Jahrtausenden männlicher Dominanz war es zunächst notwendig, dass Frauen ihre Vorstellungen ohne männlichen Einfluss entwickelten. Bald aber verselbständigte sich der Prozess des weiblichen Selbständigwerdens und geriet zum Teil in männerfeindliche Gleise, mit dem Ergebnis, dass auch hier das gemeinsame Potential in fruchtlosen Kämpfen vergeudet wurde.

Ein Blick auf die Schöpfung liefert auch hier den Schlüssel zum Verständnis. Es steht wohl außer Zweifel, dass weibliche und männliche Eigenschaften verschieden, zum Teil gegensätzlich sind. Was wäre, wenn dies nicht nur biologisch, sondern auch geistig Sinn machte? Wenn sich Frau und Mann auch in ihren seelischen und geistigen Qualitäten gegenseitig ergänzen und Entwicklungsimpulse geben könnten? Wenn erst durch die gegenseitige Begegnung und Bereicherung in einer von Vorurteilen freien Atmosphäre etwas Ganzes, Gesundes, Heiles entstünde? Dann wäre die Emanzipation der Frauen in diesem Jahrhundert kein Zufall, sondern der Vorbote einer Zeit, in der die Menschheit sich ihrer Einheit und gegenseitigen Abhängigkeit bewusst wird und dadurch eine Entwicklung beginnt, die bisher undenkbar bleiben musste, weil männliches Dominanzstreben dies verhinderte.

Weibliches Selbstbewusstsein, das seine Kraft aus der Erkenntnis der ureigenen Qualitäten bezieht, wird im Gegensatz zu einem von Feindbildern geprägten defensiven oder aggressiven Verhalten das scheinbare Problem des Gegensatzes als Herausforderung annehmen und zur Quelle wechselseitigen Lernens machen. Es wird einer bisher von männlichen Werten wie Überlegenheit, Stärke, Kontrolle und Macht geprägten Gesellschaft die eher weiblichen Qualitäten Mitgefühl, Verständnis, Empathie und Liebe hinzufügen und dadurch eine in Kälte erstarrte Welt wieder lebendig, entwicklungsfähig und menschengerecht machen. Weibliches Selbstbewusstsein wird den Männern helfen, sich von ihren im einseitig rationalen, kalkulierenden Denken wurzelnden Lernblockaden zu befreien. Und es wird fähig sein, auch von den eher männlichen Qualitäten zu lernen. Das Ergebnis wird eine Steigerung der Kreativität, der Fähigkeit Probleme zu erkennen und zu lösen und nicht zuletzt eine Lebensqualität sein, wie sie nur gegenseitige Wertschätzung und Anerkennung erzeugen können.

Ablehnung des Andersartigen, die meist von Unsicherheit und Schwächegefühlen gespeist wird, ist stets die unglücklichste Verhaltensvariante. Sie wird da praktiziert, wo Selbstvertrauen fehlt. Wer sich für schwach hält, sucht instinktiv Sicherheit bei Gleichartigen, denn diese fordern am wenigsten selbständiges Denken und Handeln heraus. Die Identifikation mit der Gruppe ersetzt und kompensiert die fehlende Identifikation mit sich selbst. Aber dieser Weg führt im doppelten Sinne in die Sackgasse. Wer ihn geht, verzichtet auf eigenständige Entwicklung und fügt seinem fehlenden Selbstvertrauen eine neue Abhängigkeit hinzu. Die Ablehnung des Andersartigen hat zur Folge, dass die Entwicklungschance, die in der Begegnung mit Neuem liegt, vertan wird.

Statt gegenseitiger Bereicherung findet Abgrenzung statt, um den Preis innerer Stagnation und geistiger Verarmung.

Fremdenfeindlichkeit ist in jeder Form destruktiv und lähmend. Als eine Form geistiger Inzucht, als Versuch sich von gegensätzlichen Einflüssen abzuschotten, führt sie in die Beschränktheit und Selbstbehinderung.

Es ist kein Zufall, dass Fremdenfeindlichkeit so häufig gewaltsam wird, denn Gewalt ist sozusagen die letzte Zuflucht des geistig Hilflosen.

Es ist aufschlussreich, dass sich vor allem männliche Minderwertigkeitsgefühle so oft in Aggressionen entladen. Seit Frauen Selbständigkeit und Selbstbewusstsein gewinnen, lässt sich eine Zunahme männlicher Gewaltakte gegen Frauen feststellen. In dem Maße, wie sich Frauen aus materieller Abhängigkeit befreiten, bröckelte auch das Rollenklischee männlicher Überlegenheit, machten sich Verunsicherung und Hilflosigkeit breit. Das Gefühl männlicher Stärke, das sich aus der Möglichkeit, Macht und Kontrolle auszuüben herleitete, brach zusammen.

Orientierungslosigkeit ist heute bei Männern mindestens im gleichen Maße wie bei Frauen zu erkennen. In beiden Fällen rührt sie von einem falschen Verständnis der Wechselbeziehung zwischen Frau und Mann her.

Solange beide Geschlechter die Andersartigkeit des Gegenübers als Bedrohung erleben und Identitätsverluste befürchten, muss die Geschlechterbeziehung in vergeblichen und destruktiven Machtkämpfen stecken bleiben.

Erst wenn wir begreifen, dass die Schöpfung zweier gegensätzlicher Geschlechter einen höheren Zweck verfolgt und die Möglichkeit ungeheuren Wachstums für beide Pole in sich birgt, werden wir die Chance nutzen können.

Auf dem Wege gegenseitigen Verstehens und zunehmender Achtung füreinander werden wir in Dimensionen vordringen, die jedem für sich verschlossen bleiben müssen. Sollten wir nicht die Tatsache, dass jedes Geschlecht für sich unfruchtbar bleibt als Symbol dafür verstehen, dass erst in der geistigen Begegnung der Geschlechter die doppelte Einseitigkeit überwunden werden und etwas Ganzes, Vollkommeneres entstehen kann?

Beratet in größter Freundlichkeit und im Geiste vollkommener Brüderlichkeit, und verbringt die kostbaren Tage eures Lebens damit, die Welt zu bessern und die Sache Dessen voranzutragen, der der ewige, höchste Herr über alles ist. Wahrlich, Er befiehlt allen Menschen, was recht ist, und verbietet, was ihre Stufe herabsetzt.

Bahá´u´lláh

Ährenlese, S. 161f.

Sie müssen in jeder Angelegenheit nach der Wahrheit suchen und nicht auf ihrer eigenen Meinung beharren; denn Starrsinn und hartnäckiges Festhalten an der eigenen Meinung wird schließlich zu Uneinigkeit und Streit führen, und die Wahrheit wird verborgen bleiben.

´Abdu´l-Bahá

Briefe und Botschaften 45:1

Vier Blinde erfuhren, dass der Maharadscha ein neues Reittier bekommen hatte, einen Elefanten, von dem alle mit Bewunderung sprachen. Sie waren seit ihrer Geburt ohne Augenlicht und so beschlossen sie, sich auf den Weg zu machen und herauszufinden, was das für ein wundersames Tier war. Es sollte ungeheuer groß sein und über gewaltige Kräfte verfügen, so ging die Kunde.

Als sie am Palast ankamen, ließen sie dem Herrscher durch einen seiner Diener die Bitte übermitteln, den Elefanten mit ihren Händen abtasten zu dürfen, um eine Vorstellung zu gewinnen, um was es sich handelte. Der König war einverstanden und ließ den Elefanten durch einen Mahout aus dem Stall führen.

Einer der Blinden betastete das Hinterbein des Elefanten und rief: "Er fühlt sich an wie ein Baumstamm!"

Ein Anderer bekam den Schwanz zu fassen und fand, dass er einer Peitsche ähnele. Der Dritte betastete den Rüssel und verglich ihn mit einer Schlange. Der Vierte aber bekam den unteren Teil eines Elefantenohres in die Hände und rief: "Unsinn, er ist wie eine Satteldecke!"

Da begannen sie untereinander zu streiten und jeder beschuldigte den Anderen der Lüge und heimtückischen Verdrehung der Wahrheit. Schließlich fielen sie im Zorn übereinander her und begannen mit den Fäusten aufeinander einzuschlagen.

Als der Mahout das sah, trennte er die Streitenden und sprach: "Oh, ihr Toren, hättet ihr Augen, so würdet ihr erkennen, dass ihr alle vier Recht habt. Und doch hat keiner von euch eine Ahnung, was ein Elefant in Wirklichkeit ist!"

12

DAS PRINZIP DER BERATUNG

Der Begriff Beratung ist nicht neu. Die Methode, die hier vorgestellt werden soll, geht aber weit über das hinaus, was üblicher Weise unter Beratung verstanden wird. Es handelt sich dabei nicht nur um Techniken effektiver Gesprächsführung, sondern um ein zusammenhängendes System von Wertmaßstäben, grundsätzlicher geistiger Einstellungen und Verhaltensweisen, die Konfliktlösungen ohne Verlierer möglich machen.

Konfliktstrategien sind so alt wie die Menschheit. Ihr Ziel bestand immer darin, Probleme zu beseitigen. Die dabei verwendeten Methoden entsprachen dem jeweiligen Entwicklungsstand der Menschheit.

Die primitivste Form war die, im gewaltsamen Zusammenprall der Kräfte das Recht des Stärkeren durchzusetzen. Sie wird von Tieren angewendet, erfreut sich aber auch unter Menschen großer Beliebtheit und wird bis in unsere Tage von Staaten praktiziert, die ihre Konflikte durch kriegerische Mittel zu lösen versuchen.

Sie erzeugt Sieger und Verlierer und garantiert dadurch die Fortschreibung von Konflikten, denn die überlebenden Verlierer setzen in der Regel alles daran, die Niederlage wettzumachen und schrauben gemeinsam mit den Siegern die Konfliktspirale fort.

Auf der nächst höheren Stufe findet der Zusammenstoß der Willens- und Interessenstandpunkte in geordnetem parlamentarisch-demokratischem Rahmen statt. Auch hier werden Übereinstimmungen fast ausschließlich innerhalb von Interessengruppen gefunden. Koalitionen werden gebildet, um Mehrheitsinteressen gegen Minderheitsinteressen durchzusetzen. Wo das nicht möglich erscheint, werden Kompromisse gesucht, die aber nur selten von allen Beteiligten von ganzem Herzen unterstützt werden, weil es auch hier meist Gewinner oder Verlierer gibt. Als Ausweg kennt die Parteiendemokratie die Ausschreibung von Neuwahlen mit dem Ziel, die Ausgangsbasis für Entscheidungen durch Stimmengewinne zu erweitern. Die parlamentarische Methode des Interessen- und Konfliktmanagements in der heute praktizierten Form ist im 19. Jahrhundert entstanden.

Es verwundert daher nicht, dass sie sich in vielen Punkten den heute auftretenden Problemen nicht mehr gewachsen zeigt. Dies hat vor allem zwei Gründe. Die parteiliche Bindung der Volksvertreter und die Tatsache, dass Parteien sich bestimmten Interessengruppierungen verpflichtet fühlen, führt dazu, dass politische Willensbildung meist in der Form gegenseitiger Konfrontation relativ einseitiger Vorstellungen stattfindet. Häufig, vor allem in Zeiten des Wahlkampfes, wird das Ziel der Problemlösung der Parteienprofilierung untergeordnet, so dass Entscheidungen im Sinne des Gemeinwohls verzögert oder verhindert werden.

Darüber hinaus sind im Zeitalter der Globalisierung partikulare oder nationale Lösungsansätze meist gar nicht mehr geeignet, angemessene Antworten auf die Vielzahl der heutigen Probleme zu finden. Nach einer Schätzung der UNO gibt es nicht weniger als 14300 globale Probleme, die nur im globalen Konsens lösbar sind. Die Welt hat aufgehört, mit nationalen Instrumenten regierbar zu sein.

Aus dem Gesagten geht hervor, dass es neuer Instrumente und neuer Methoden bedarf, wenn man nicht der hereinbrechenden Flut globaler Dammbrüche weiterhin mit Zahnputzbechern entgegentreten will.

Ein Paradigmenwechsel ist angesagt, ein Umdenken lebensnotwendig geworden.

Unsere bisher reduzierte, nur Teilaspekte erfassende Wahrnehmung steht vor der Aufgabe ganzheitlich werden zu müssen. Wettbewerb muss durch Zusammenarbeit, Kooperation auf allen Ebenen ergänzt werden. An die Stelle der bisher praktizierten Herrschaftsmethoden muss das Prinzip der Gewaltfreiheit treten. Unser bisher auf Quantität gerichtetes Denken wird sich stärker am Prinzip der Qualität orientieren müssen. Und im Bereich wirtschaftlicher Prozesse wird Expansion durch ein Handeln im Sinne der Erhaltung und Bewahrung der Schöpfung, der natürlichen Lebensgrundlagen ausbalanciert werden müssen.

Der entscheidende Schlüssel zur Bewältigung der Herausforderungen unseres Zeitalters liegt aber im Prinzip der Gleichwertigkeit aller Menschen auf diesem Planeten. Wenn wir nicht die Gleichwertigkeit jedes Menschen anerkennen und unser Handeln und unsere Regierungsformen daran ausrichten, werden wir keines der genannten Probleme lösen können: Unter- und Überlegenheitsgefühle, das Leben auf Kosten anderer Menschen werden dann auch weiterhin Spannungen, Streit, Kämpfe und Kriege verursachen.

Soziale Gleichwertigkeit ist das Merkmal der Reife der Menschheit. Sie verlangt Konfliktlösungsstrategien, die auf Gleichberechtigung beruhen. Auf diesem Gebiet besitzt die Menschheit noch keine Traditionen und kaum Erfahrungen. Unsere Traditionen beschränken sich auf verschiedene Hierarchieformen und anti-autoritäre Beziehungen, die aber keine Ansätze für friedliche Konfliktlösungen bieten.

Die Aufgabe unserer Zeit besteht darin, das Denken in Gegensätzen zu überwinden. Das der Wirklichkeit nicht angemessene Entweder-Oder-Denken muss durch ein Denken überwunden werden, welches vielseitige, umfassende Wahrnehmung und Erkenntnis ermöglicht. War unsere Problembetrachtung bisher selektiv und individualistisch, so muss sie in Zukunft ganzheitlich und Team-orientiert werden.

Die Fähigkeit, die eigene Position durchzusetzen, gilt heute als politische Tugend und als Zeichen von Führungsstärke. Sie erweist sich aber als Haupthindernis bei der Konsensbildung. In unserer komplexen

Welt ist es schlechthin unmöglich, dass einzelne Personen oder Gruppen alle für die Wahrung des Allgemeinwohls erforderlichen Faktoren erkennen und berücksichtigen. Von daher sind Konsultationen bei allen wichtigen Entscheidungen mit möglichst vielen davon Betroffenen notwendig, um sachgerechte und die Bedürfnisse aller einbeziehende Beschlüsse zu fassen.

Am Anfang jeder Konsensbildung muss die Erkenntnis stehen, dass die Sicht jedes Einzelnen zwangsläufig begrenzt ist und der Ergänzung durch andere Sichtweisen bedarf. Erst im Aufeinandertreffen unterschiedlicher Ansichten erscheint der Funke der Wahrheit. Voraussetzung dafür ist, dass Beratungen in einer Atmosphäre gegenseitiger Achtung durchgeführt werden. Der Einzelne muss sich bewusst machen, dass es nicht darum geht, seine eigene, nur einen Teil der Wirklichkeit erfassende Ansicht durchzusetzen. Diese bedarf vielmehr der Ergänzung. Das Problem muss von möglichst vielen Seiten beleuchtet werden.

Erst dann können gemeinsam Lösungen gesucht werden. Dies wiederum erfordert Disziplin und die Fähigkeit, sich selbst zurück zu nehmen. Solange Profilierungsstreben die Beiträge bestimmt, sind echte Konsensentscheidungen unmöglich. Nur wenn sich die Beteiligten von ihren persönlichen Ambitionen lösen können, nur wenn das Gemeinsame im Vordergrund steht, kommen Beschlüsse zustande, die auch von Allen akzeptiert und mitgetragen werden.

In einer Zeit, in der vor allem die Medien ein entgegen gesetztes Bild von Kommunikationsprozessen bieten und Talk-Shows gegenseitiges Anpöbeln und selbst körperliche Gewalt als Umgangsform salonfähig machen, ist es besonders wichtig Alternativen aufzuzeigen. Vor allem die heranwachsende Generation wird überschüttet von Bildern und Handlungsmustern, die gewaltsame Methoden der Konfliktlösung propagieren.

Wer heute öffentliche Debatten verfolgt, hat oft den Eindruck, die politische Kultur erschöpfe sich in der starren Konfrontation vorgefasster Meinungen, wenn nicht darin, den Gegner lächerlich zu machen und persönlich herabzusetzen.

Diese Methoden sind allerdings für jede Form interaktiver Problemlösung kontraproduktiv. Dennoch werden sie häufig auch dort praktiziert, wo keine politischen Parteien, sondern engagierte Bürger zusammenarbeiten, in Bürgerinitiativen und Nicht-Regierungsorganisationen. Sie scheinen so sehr verinnerlicht zu sein, dass sie reflexartig in Konfliktsituationen auftreten und gerade hier Fortschritte verhindern. Gemeinsames Ideal ist das „durchsetzungsfähige" Individuum. Vor allem der Individualismuskult der westlichen Welt scheint wesentlich dazu beigetragen zu heben, kämpferischer verbaler Auseinandersetzung den Anschein des Natürlichen zu geben. In diesem Zusammenhang sollten wir uns daran erinnern, dass bereits steinzeitliche Kulturen wie die der Indianer Nordamerikas oder der australischen Ureinwohner Beratungsmethoden entwickelt hatten, die unseren weit überlegen waren, die Konsensbildung förderten und gleichzeitig ein hohes Maß individueller Freiheit zuließen. Das genaue Zuhören und Ausredenlassen galt hier als Selbstverständlichkeit. Ging es doch um Problemlösungen und nicht um Selbstdarstellung. Der Redestab, der weitergereicht wurde, wenn man seinen Beitrag beendet hatte, war ein sichtbares Symbol dieser Beratungskultur. Wie viel dringender muss es dann in einer Welt vernetzter globaler Strukturen sein, reife Kommunikationsformen zu entwickeln, die auf den Prinzipien der Gleichwertigkeit und Gerechtigkeit beruhen?

Gleichwertigkeit geht davon aus, dass jeder Mensch einzigartig ist und die Fähigkeit der Erkenntnis besitzt.

Gerechtigkeit bedeutet, das Wachstum jedes Menschen zu fördern, d.h. ein Klima der Ermutigung zu schaffen, in dem dies möglich wird. Um das zu erreichen, sollten folgende Regeln der Beratung beachtet werden:

In einer Atmosphäre gegenseitiger Achtung und Wertschätzung muss jeder die Möglichkeit haben, seine Meinung in vollkommener Freiheit zu äußern. Niemand sollte sich verletzt fühlen, wenn ihm jemand widerspricht. Jede Meinung wird als Beitrag abgegeben, der der Ergänzung durch die Standpunkte anderer bedarf. Keiner versucht seine Ansicht durchzusetzen.

Mäßigung, Geduld, Höflichkeit und Bescheidenheit beim Sprechen sorgen dafür, dass niemand verletzt wird. Gegenseitiges Vertrauen, Offenheit, aktives Zuhören und das Bemühen, die Standpunkte anderer zu verstehen helfen jedem Einzelnen, den eigenen Horizont zu erweitern und tragen dazu bei, dass alle sich ernst genommen fühlen.

Für die Problemlösung ist es wichtig, dass jeder sich bemüht, die Beiträge der anderen in ihrer positiven Qualität zu erkennen und hinsichtlich ihrer Verwendbarkeit auszuwerten. Ist der Vorschlag eines anderen besser, so sollte man nicht zögern, ihn aufzunehmen. Der Standpunkt oder die Gedanken eines Anderen dürfen auf keinen Fall herabgesetzt werden. Angriffe auf Personen sind unbedingt zu unterlassen.

Hat jemand ein Problem, so wird es in Form einer Ich-Botschaft artikuliert, d.h. ohne einen Anderen dafür verantwortlich zu machen oder schuldig zu sprechen. Stattdessen versucht jeder herauszufinden, was er selbst zur Veränderung der Situation beitragen kann.

Ist ein Thema ausgiebig beraten worden, so wird mit einfacher Mehrheit beschlossen, was zu tun ist.

Einmütigkeit in der Entscheidung ist allerdings wünschenswert. Jeder Beteiligte bemüht sich mit ganzem Herzen, den Beschluss umzusetzen, er hat aber die Möglichkeit, seine Bedenken bei einer neuen Beratung zu äußern.

Werden die oben genannten Regeln beachtet, so entsteht eine Kommunikationssituation neuer Qualität.

Während Dominanz und Manipulationsversuche meist Ärger, Frustration, Demütigung und Zorn erzeugen, die konstruktive Lösungen verhindern und das kreative Potential eines Großteils der Beteiligten blockieren, legen Beratungen, die in dem beschriebenen Geiste der Wertschätzung und Ermutigung durchgeführt werden, ungeahnte Energien frei. Sie stärken die Verbundenheit, motivieren die Teilnehmer, ihre Fähigkeiten einzubringen und weiterzuentwickeln und ermöglichen Lösungen, an denen jeder Einzelne sich beteiligt fühlt. Dies wiederum macht die Umsetzung zum wirklich gemeinsamen Anliegen.

Natürlich fällt es zunächst nicht leicht, sich von oft lebenslang eingeübten Verhaltensweisen zu lösen. Ein hohes Maß an Selbstdisziplin und Selbsterkenntnis sind erforderlich, um die Regeln konsequent anzuwenden.

Dabei ist es von Bedeutung, dass jeder Einzelne sich seine Motive bewusst macht, die ihn zur Mitarbeit veranlassen. Geht es einem um den Fortschritt der gemeinsamen Sache oder möchte man vor allem selbst eine wichtige Rolle spielen? Rede ich, weil ich mich gerne reden höre oder ergreife ich nur dann das Wort, wenn ich etwas Neues zu sagen habe, das für das Thema relevant ist? Insofern spiegelt die Art und Weise, wie eine Beratung abläuft, immer auch die Reife der Beteiligten wider. Und dies schlägt sich unmittelbar in der Qualität der menschlichen Beziehungen nieder.

Letztlich ist es hilfreich, sich immer wieder eine Frage zu stellen: Will ich selbst dazu beitragen, in meinen partnerschaftlichen, familiären und gesellschaftlichen Beziehungen Einheit, Liebe und Wachstum zu bewirken oder möchte ich lieber meine Kräfte in Streit, fruchtlosen Kämpfen und dem sinnlosen Versuch, Andere zu beherrschen, zu kontrollieren und auszunutzen, vergeuden. Die Antwort darauf dürfte nicht schwer fallen.

O Sohn des Staubes!

Wahrlich, Ich sage dir: Der nachlässigste unter den Menschen ist, der mit Worten streitet und sich über seinen Bruder zu erheben sucht. Fürwahr, o Brüder: Lasst Taten und nicht Worte euer Schmuck sein!

Bahá ´ u ´lláh

Verborgene Worte, S. 35

Sie ist 19 Monate alt. Ich sitze am Küchentisch, sie steht mir gegenüber auf der Bank, zwischen uns eine Plastikschüssel mit Mehl, Eiern und anderen Zutaten für Kuchenteig. Ich versuche ihr umständlich zu erklären, dass man den Teig vorsichtig rühren muss, damit das Mehl nicht herausstaubt. Um ganz sicher zu gehen, mache ich das Rühren vor. Sie schaut eine Weile zu, den Kopf leicht über die Schüssel geneigt, während das Mehl immer mehr sich in eine feuchte Masse verwandelt. Sie schaut mich vorwurfsvoll an. Ich rühre immer noch weiter, obwohl ich versprochen hatte, mit ihr zusammen den Kuchen zu backen. Schließlich, als kaum noch Mehlpulver zu sehen ist, packt sie den Kopflöffel mit beiden Händen und sagt energisch: „Atti selba!" Ihrem entschlossenen Blick kann ich mich nicht widersetzen. Ich begnüge mich damit, die Schüssel festzuhalten und sie rührt mit aller Kraft, ein Lächeln angestrengten Glücks auf dem Gesicht. Während sich der Teig durch ihre Bemühung verwandelt, habe ich Zeit, über mich selbst nachzudenken.

13

ENTWICKLUNG BEGINNT BEI MIR SELBST

Im vorigen Kapitel wurden Einstellungen und Verhaltensregeln dargestellt, mit deren Hilfe konstruktive Beratungen möglich werden. Es muss betont werden, dass sie nur in dem Maße wirksam sind, in dem es den Beteiligten gelingt, ihre eigene Rolle und ihr eigenes Verhalten als Schlüssel für den gemeinsamen Erfolg zu sehen. Sobald Beratungen in gegenseitige Schuldzuweisungen münden, und Probleme nicht von jedem unter dem Gesichtspunkt der eigenen Verantwortlichkeit betrachtet werden, verliert der Prozess seine positive Dynamik.

In solchen Momenten hängt alles davon ab, dass es Teilnehmer gibt, die an die gemeinsamen Ziele erinnern und durch ihr Beispiel zeigen, dass jeder nur bei sich selbst beginnen und Fehler bekämpfen kann. Das positive Vorbild wirkt langfristig immer, während das Starren auf die Fehler der Anderen jede Entwicklung blockiert.

Da wir in einer Gesellschaft aufgewachsen sind, die das abwertende Kritisieren Anderer zum Merkmal persönlicher Emanzipation bestimmt hat, fällt es nicht leicht, gegen solche Gewohnheiten anzugehen. Hilfreich kann es sein, sich bildhaft vorzustellen, wie wenig Sinn dieses Verhalten macht. Der Versuch durch negative Kritik - es gibt auch ermutigende, das Positive herausarbeitende Kritik - gemeinsame Entscheidungen vorzubereiten, ist etwa so effektiv wie die körperliche Züchtigung in der Partnerschaft. Es ist, als bemühe man sich durch Amputieren eines Armes sein handwerkliches Können zu verbessern. Nur wenige Menschen werden erwarten, dass sich durch Gewalt Kooperation steigern lässt, aber bei Diskussionen wird häufig versucht, Lösungen durch Angriffe auf Gesprächspartner näher zu kommen.

Wer dagegen erlebt hat, welches Arbeitsklima entsteht, wenn sich alle Beteiligten in gegenseitiger Wertschätzung begegnen und die positiven Aspekte ihrer Beiträge hervorheben, der wird gerne darauf verzichten, Andere abzuwerten und zu erniedrigen. Weiß er doch, dass er dadurch auch sich selbst Schaden zufügt.

Im Grunde ist destruktives Gesprächsverhalten ein Zeichen von mangelndem Selbstvertrauen, von Hilflosigkeit. Es wird häufig von Menschen praktiziert, die sich unsicher fühlen und Angriffe auf ihre Person erwarten. Wer an seine positiven Energien glaubt, der wird nichts unversucht lassen, aus dem Gleichgewicht von Geben und Nehmen geratene Beratungen wieder auf den Weg der Ermutigung zu führen.

Es ist ein verbreiteter Irrglaube, anzunehmen, man könne durch Abwertung anderer Personen die eigene Stellung sichern und aufwerten. Das Gegenteil ist der Fall. Wer Andere erniedrigt, erniedrigt vor allem sich selbst und entzieht sich die Grundlage für persönlichen Fortschritt und innere Ausgeglichenheit. Er erzeugt neue Probleme, deren Lösung die Energien bindet, die in einem kooperativen Team für den Fortschritt der gemeinsamen Sache zur Verfügung stehen.

Wir selbst haben es in der Hand, aus Gruppenprozessen ein Gewinnspiel für alle oder ein Verlustspiel zu machen.

Selbstvertrauen ist die wichtigste Voraussetzung für Teamfähigkeit. Da Teamarbeit im oben beschriebenen Sinne auf der Gleichwertigkeit der Teilnehmer beruht, haben Menschen, die einen festen Platz in einem hierarchischen System brauchen, um arbeiten zu können, es schwer sich in ein Team einzufügen. Entweder sind sie daran gewöhnt, Anordnungen zu erteilen, oder sie führen diese aus. In beiden Fällen gibt das Eingebundensein in eine Rangordnung die Sicherheit, die geistig unabhängige Menschen aus sich selbst gewinnen.

Nur wer sich seiner selbst gewiss ist, an seine Fähigkeiten und Qualitäten glaubt, kann die Unsicherheit ertragen, die eine Beratung mit unbestimmtem Ausgang begleitet. Wie bei allen kreativen Prozessen werden Ziele und Methoden im Team nicht autoritär bestimmt. Man weiß zunächst nicht, wohin die Reise geht. Jeder ist gefordert, Beiträge, Ideen zu liefern, aber bei keinem Beitrag ist es klar, dass er angenommen wird oder Berücksichtigung findet. Wer sein Selbstbewusstsein daraus ableitet, dass seine Vorschläge sich durchsetzen, der wird sich bei offenen Beratungen verunsichert oder gar übergangen fühlen.

Beratungen sind insofern Prüfsteine der geistigen Reife, aber auch Prüfungen, an denen man wachsen kann.

Wieweit dies möglich wird, hängt in erster Linie vom Einzelnen und in zweiter Linie von der betreffenden Gruppe ab. Dabei ist es von entscheidender Bedeutung, dass sich alle Teilnehmer von Anfang an über das der Beratung zugrunde liegende Wertsystem im Klaren sind und dieses akzeptieren. Nur dann wird es möglich, die eigenen egoistischen Regungen zu kontrollieren und Zusammenarbeit auf die neue Stufe gemeinsamer Verantwortlichkeit zu heben, die dem Prinzip der Gleichwertigkeit entspricht.

Dies bedeutet einen Paradigmenwechsel im Bereich der Führungsmethoden und im Selbstverständnis der Beteiligten. Während früher Unabhängigkeit immer mit einer führenden Position gleichgesetzt wurde, aus der der Betreffende sein Selbstvertrauen bezog, was Machtstreben begünstigte, verhält es sich bei der Beratung gerade umgekehrt. Der Einzelne braucht Selbstvertrauen und eine innere Unabhängigkeit, um an beratenden Gruppenprozessen teilnehmen zu können, die ihm keineswegs Machtbewusstsein, wohl aber das Gefühl vermitteln, partnerschaftlich etwas erreicht zu haben, über sich selbst hinaus gewachsen zu sein und Freude mit Anderen teilen zu können.

Ohne innere Unabhängigkeit wird es schwer, sich an Beratungsprozessen zu beteiligen, die einem die gegenseitige Abhängigkeit bewusst machen. Aber diese Abhängigkeit hat immer existiert, sie wurde nur von denen, die sich in führenden Positionen befanden, selten wahrgenommen bzw. akzeptiert. Und sie wirkte sich immer aus. Autoritäre Vorgesetzte erreichten vielleicht, dass ihre Untergebenen Demut heuchelten, aber die negativen Arbeitsergebnisse der Zwangsmotivierten schlugen auch für sie zu Buche.

Das Bewusstsein gegenseitiger Abhängigkeit bei Beratungen lässt sich mit dem der Abhängigkeit von geistigen Gesetzen vergleichen. Es hat nichts Erniedrigendes, denn sie beruht auf Gegenseitigkeit, ist sozusagen gerecht verteilt, was uns ermöglicht, die eigene Bedeutung mit realistischen Augen zu sehen. Dies schützt uns vor Überheblichkeit und erinnert uns daran, dass wir alle unvollkommen aber in Bewegung auf ein gemeinsames Ziel der Selbstvervollkommnung sind.

Wie aber gewinnt man Selbstvertrauen und Selbstachtung, wenn sie doch Voraussetzung für die Teilnahme an effektiven Beratungsprozessen sind?

Selbsterziehung ist die einzige Möglichkeit Defizite zu beheben, die durch eine entmutigende Erziehung entstanden sind.

Selbstachtung gewinnt man in dem Maße, wie man lernt, sich selbst zu beherrschen und sein Leben, seine Verhaltensweisen und seine Entscheidungen von den erkannten Wertvorstellungen bestimmen lässt.

Wer sich nicht beherrschen kann, seine Gefühle nicht kontrolliert, der ist auch keinen Konfliktsituationen gewachsen, die bei zwischenmenschlichen Beziehungen immer auftreten.

Selbstvertrauen entsteht aus der Fähigkeit, den Werten, die man zur Richtschnur seines Handelns gemacht hat, unter allen Umständen treu zu bleiben. Selbstvertrauen ist also die Frucht der Treue zu sich selbst. Dazu gehört Disziplin, denn die Erkenntnisse, an denen man sich orientiert, müssen konsequent umgesetzt werden. Und sie müssen auch gegen eventuelle Angriffe von außen verteidigt und gegen die eigenen instinktiven Reaktionsweisen durchgesetzt werden. Erst wenn wir eine von der Außenwelt unabhängige Wertorientierung gefunden haben und diese auch gegen innere und äußere Widerstände verwirklichen können, sind wir fähig, den Herausforderungen von Gruppenprozessen aber auch jeder zwischenmenschlichen Beziehung überzeugend zu begegnen. Der Schlüssel zur Beziehungsfähigkeit liegt in uns selbst. Geistige Selbständigkeit und Unabhängigkeit in unseren Handlungen und Entscheidungen sind paradoxerweise die Eigenschaften, die uns die Kraft geben, in gegenseitige Abhängigkeitsverhältnisse einzutreten. Der Lohn dafür liegt darin, dass wir als Teilnehmer an Teamprozessen die Früchte unserer eigenen und der gemeinsamen Arbeit ernten und eine innere Sicherheit und Freude gewinnen, die aus wechselseitiger Anerkennung kommt.

Mit der Anwendung des Prinzips der Beratung schlagen wir ein neues Kapitel der Menschheitsgeschichte auf.

Zum ersten Mal seit Jahrtausenden wird es möglich, dass Menschen im Vollbesitz ihres Selbstbewusstseins und in gegenseitiger Achtung ihrer Gleichberechtigung Problem- und Konfliktlösungsmethoden entwickeln, die im gemeinsamen Interesse liegen und allen Beteiligten Gewinn bringen. Dadurch entsteht ein Klima der Zusammenarbeit, das auf innerer Motivation, gegenseitiger Ermutigung und Zuversicht beruht.

Die Möglichkeit dauerhaften Friedens auf allen Ebenen menschlicher Beziehungen wird damit geschaffen. Denn die oben beschriebenen Methoden lassen sich überall anwenden, wo Menschen erkennen, dass es ihren wohlverstandenen Interessen nützt. Dies wird aber nur in dem Maße gelingen, wie jeder Einzelne sich selbst als treibende Kraft gemeinschaftlicher Entwicklung versteht und seine Handlungsfähigkeit nicht von der Anderer abhängig macht.

Seid nachsichtig miteinander und richtet eure Neigungen nicht auf weltliche Dinge. Rühmt euch nicht, wenn ihr in Ehren seid, und schämt euch nicht der Erniedrigung. Bei Meiner Schönheit! Aus Staub habe Ich alle Dinge erschaffen, und dem Staube werde Ich sie wieder zurückgeben.

Bahá´u´lláh

Verborgene Worte, S. 54

Wahres Glück kommt nicht durch Äußerlichkeiten, sondern durch Liebe zu geistigen Dingen. Dies bringt innere Freude, die von außen nicht zerstört werden kann. Sie kommt von Gott und ist der Lohn Gottes. Nur Weise erfreuen sich des wahren Glücks.

Hinduismus

Weisheit und Selbstbemeisterung sind wahrer Reichtum. Irdische Güter sind nicht wirklicher Reichtum, denn sie können einem Menschen genommen werden. Wahrer Reichtum hingegen ist ewig.

Buddhismus

Als junger Mann war er nach Amerika ausgewandert. Die ersten Jahre hatte er jede Arbeit verrichtet, die er bekommen konnte. Das Anfangskapital für seine Firma sparte er sich zusammen, indem er oft nur eine Mahlzeit am Tage zu sich nahm. Zehn Jahre später beschäftigte er über hundert Angestellte. Als er sechzig wurde, besaß er mehr als eine Milliarde Dollar. Mit 77 stand er noch immer täglich um sechs auf und kam erst spät abends aus seinem Chefbüro im obersten Stockwerk seiner Firmenzentrale nach Hause. Seine Söhne warteten vergeblich, dass er die Leitung des Unternehmens an sie abgab. Nach seinem Schlaganfall war er an den Rollstuhl gefesselt.

Kurz vor seinem Tod wurde ihm klar, dass sein ganzes Geld nicht ausreichen würde, um das Grab, das auf ihn wartete, zu einem Ort zu machen, auf den er sich freute.

14

LOSLÖSUNG VON MATERIELLEN BINDUNGEN:

ENTWICKLUNG DER GEISTIGKEIT

Der Mensch kommt als ein Doppelwesen auf die Welt. Seiner körperlichen Beschaffenheit nach gehört er der materiellen Welt an, seine geistigen Eigenschaften machen ihn zu einem Wesen höherer Ordnung. Die körperlichen Fähigkeiten werden durch Vererbung bedingt und entwickeln sich im Zusammenspiel mit der Umwelt. Die geistige Dimension des Menschen ist bedingt durch die Seele, die im Augenblick der Zeugung ihre persönliche Ausprägung erfährt. ´Abdu´l-Bahá, der Sohn Bahá´u´lláhs, unterscheidet drei Aspekte des menschlichen Charakters:

Der angeborene Charakter ist durch die Grundfähigkeiten der Seele bestimmt. Dazu gehört die Vernunft, also die Fähigkeit des Verstehens, die Fähigkeit des Fühlens und der Wille oder die Fähigkeit zum Handeln.

Die ererbten Charaktereigenschaften werden durch die Eltern geprägt, d.h. Stärke oder Schwäche der verschiedenen charakterlichen Fähigkeiten hängen von deren Konstitution ab.

Als dritter Faktor kommt die Erziehung hinzu, die oft in entscheidender Weise die Ausbildung des Charakters beeinflusst. Der Erziehungsprozess befähigt einen Menschen, seine angeborenen und ererbten Fähigkeiten mehr oder weniger zu entwickeln. Vom Alter der geistigen Reife an kommt dann noch die Möglichkeit der Selbsterziehung hinzu. Das bedeutet, dass die Entwicklung eines Menschen zwar von seinen angeborenen und ererbten Fähigkeiten geprägt wird, dass aber Erziehung und Selbsterziehung dafür verantwortlich sind, was aus einem Menschen wird bzw. was er aus sich selbst letztendlich macht.

Der Prozess der Entwicklung der geistigen Fähigkeiten, das geistige Wachstum eines Menschen hängt also in hohem Maße von ihm selbst ab. Diese Erkenntnis ist bedeutsam, denn wenn wir wissen, dass wir den Grad unserer geistigen Entwicklung nicht unseren Eltern oder unserer Umwelt anlasten können, fällt eine wichtige Rechtfertigung für Untätigkeit weg. Der erste Schritt selbst gesteuerten geistigen Wachstums liegt in der Einsicht, dass wir selbst dafür verantwortlich sind.

Es ist interessant, dass immer mehr Menschen beträchtliche Anstrengungen unternehmen und viel Zeit opfern, um ihren Körper fit zu halten, zu stärken und weiterzuentwickeln, während eine weit geringere Zahl die gleiche Aufmerksamkeit ihrem seelisch-geistigen Fortschritt widmet. Ein vor allem von den Medien verbreiteter Körperkult hat alle Bereiche der Gesellschaft erfasst und zeigt zum Teil absurde Auswüchse. Geistiger Fortschritt wird demgegenüber, so hat es den Anschein, entweder nicht für erreichbar oder als weniger erstrebenswert angesehen.

Vielleicht sollten wir uns in diesem Zusammenhang daran erinnern, dass die Eigenschaften des Körpers das sind, was wir mit den Tieren teilen. Sollte das die Hauptrichtung sein, die wir als geistige Wesen anstreben? Wird es uns wirklich befriedigen, wenn wir unsere ureigensten Qualitäten vernachlässigen und dafür mit einer Daseinsstufe wetteifern, der unsere spezifischen Fähigkeiten verschlossen sind? Welchen Sinn macht die Schöpfung des Menschen, wenn er sich mit der Stufe des Tieres zufrieden gibt?

Solange wir leben, befinden wir uns im Spannungsverhältnis der beiden Polaritäten Körper und Seele.

Auf der einen Seite wollen die Bedürfnisse des Körpers befriedigt werden. Wir brauchen Nahrung, Unterkunft und Sicherheit vor existentiellen Bedrohungen. Auf der anderen Seite hat der Mensch aber auch geistige, metaphysische Bedürfnisse. Sie veranlassen ihn, einen Sinn in seinem Leben zu suchen, ein ausgewogenes Verhältnis zu seinen Mitmenschen herzustellen und eine Beziehung zu Gott zu finden.

Indem der Mensch seine körperlichen Bedürfnisse zu befriedigen sucht, gerät er leicht in die Gefahr zu übertreiben. Die Bedürfnisse des Körpers ergreifen Besitz von ihm, Besitzgier, Neid, Habsucht bringen sein Streben auf Abwege. Oder aber er verfällt der eigenen Bequemlichkeit, das heißt ein an sich gestillter Wunsch nach Sicherung der Existenz setzt sich gegenüber geistigen Bedürfnissen durch und verdrängt diese.

Verstehen wir Körper und Seele als Polaritäten, so wird klar, dass keine auf Kosten der anderen entwickelt oder genährt werden kann, ohne Schaden zu verursachen. Wird der Körper vernachlässigt, versagt er den Dienst und auch der Geist kann nicht mehr seine Bestimmung verfolgen. Lassen wir unsere geistigen Fähigkeiten verkümmern, so werden wir über kurz oder lang mit dem Problem der Sinnlosigkeit konfrontiert, der Folge unserer Selbsterniedrigung.

Daraus folgt, dass beide, Körper und Seele bzw. Geist nicht gegeneinander ausgespielt werden dürfen.

Weder sind die Bedürfnisse des Körpers als schlecht zu betrachten, noch werden geistige Fähigkeiten immer zum Wohle der Menschheit eingesetzt. Beide können missbraucht werden. Da sowohl die physischen als auch die geistigen Fähigkeiten gottgegeben sind, sollten beide geschätzt werden. Die Art, wie wir sie verwenden, ist letztendlich entscheidend. Setzen wir sie im Sinne der Schöpfung und im Einklang mit ihren Gesetzen ein, so ist dies gut. Nutzen wir sie, um geistige Gesetze zu verletzen, so ist dies für alle schlecht.

Geistiges Wachstum manifestiert sich dann darin, dass man sein Denken und Handeln immer besser den Gesetzen der Schöpfung anpasst und diesen unterordnet. Dies ist die Reise vom Selbst zu Gott. Wahre Selbsterkenntnis ist deshalb in gewissem Maße Gotterkenntnis, obwohl der Mensch Gott in seiner Vollkommenheit niemals erkennen kann. Er kann sich Gott nur immer weiter annähern.

Indem ich immer mehr über das Zusammenwirken meiner Kräfte und Neigungen, meiner Fähigkeiten und Bedürfnisse erfahre und die Gefahren und Möglichkeiten, die in mir liegen, immer besser durchschaue, versetze ich mich selbst in die Lage, meinem Leben eine geistige Orientierung zu geben. Das heißt, ich bestimme aus Erkenntnis und Einsicht den Weg, den ich gehen will und der mir Erfüllung verheißt. Und diese Erfüllung verlangt keine Askese, sondern verwirklicht sich auf allen Ebenen, auf denen ich als Mensch über Anlagen und Fähigkeiten verfüge.

Allerdings verlangt die Berücksichtigung der Polarität im Menschen, dass er die nötige Balance zwischen den Polen findet. Alle Einseitigkeit und Übertreibung ist von Schaden.

Loslösung vom Materiellen heißt also nicht, dass wir die physische Welt verachten, sondern dass wir ihr in unserem Leben den Raum geben, der ihr zusteht, aber nicht mehr. Unsere körperlichen Bedürfnisse dürfen uns in unserem geistigen Streben nicht behindern oder lähmen. Aber sie bieten viele Möglichkeiten der Erkenntnis, sie helfen uns, mit anderen Menschen in Kontakt zu treten und unseren Egoismus in Schranken zu weisen. So erweist sich der Bereich des Materiellen als ein Übungsfeld auch für unser geistiges Wachstum. Hier können wir lernen, Opfer zu bringen, auf materielle Dinge zugunsten Anderer zu verzichten und damit unsere egoistischen Triebe zu beherrschen und zu disziplinieren.

Darüber hinaus bietet uns die materielle Welt der Schöpfung unzählige Beispiele, an denen wir Zusammenhänge und Gesetzmäßigkeiten studieren und erfahren können, die unser geistiges Wachstum voranbringen. Einige davon wurden bereits dargestellt. Wenn es uns gelingt, unseren Körper als ein Instrument geistigen Fortschritts zu verwenden und uns nicht von ihm verführen, abhängig machen und erniedrigen lassen, sorgen wir dafür, dass er seine ihm zugemessene Aufgabe erfüllt.

Der Dualismus von Körper und Geist erzeugt im Menschen eine ständige Spannung, fordert uns heraus, uns mit ihm auseinanderzusetzen. Er macht uns bewusst, dass es fortwährender Bemühung bedarf, unser geistiges Wachstum voranzutreiben. Er ist sozusagen eine dauernde Prüfung unserer Entschlossenheit, unseres Willens zur Vervollkommnung. Ohne diesen Dualismus fiele uns geistiges Wachstum wie von selbst zu oder es fände überhaupt nicht statt. Im letzten Fall blieben wir auf der Stufe des Tieres, im ersten wären wir Beschenkte ohne Verdienst, Wesen, von denen keine Reife verlangt wird, keine Bemühung, denen unterschiedslos und ohne Beziehung zu ihrem Handeln gegeben wird. Dann aber wüssten wir auch nicht zu schätzen, was uns zugeteilt ist, denn es stünde in keinem Verhältnis zu dem, was wir sind. Dankbarkeit, Glück, Zufriedenheit blieben uns verwehrt, wenn wir solchermaßen unverdient alle gleich bedacht würden.

Dadurch, dass wir aber den Wachstumsprozess als geistig-körperliche Doppelwesen beginnen, werden wir befähigt, uns zu entscheiden, auf welchen Weg wir uns begeben wollen. Wir lernen unterscheiden zwischen den Verlockungen der materiellen Welt, die uns immer unerfüllt zurücklassen, und den Früchten geistiger Bemühung. Indem wir die Gesetzmäßigkeiten der materiellen Welt erkennen, wird es uns möglich zu begreifen, dass die geistige Welt in ähnlicher Weise durch gesetzmäßige, auf Ursache und Wirkung beruhenden Beziehungen geordnet ist. Und schließlich lernen wir durch geistige Erfahrung und die innere Entwicklung, die sie bewirkt, an der geistigen Ordnung der Welt teilzuhaben. Dadurch bereiten wir uns vor auf das, was uns nach dem Tod unseres Körpers erwartet und versetzen uns in die Lage, den Wachstumsprozess unseres Geistes auch in der nächsten Welt fortzusetzen. Wir verfügen dann gewissermaßen über die geistigen Gliedmaßen, mit denen wir im Reich des Geistes laufen und begreifen lernen.

Der ist wirklich ein Mensch, der sich heute dem Dienst am ganzen Menschengeschlecht hingibt. Das Höchste Wesen spricht: Selig und glücklich ist, wer sich erhebt, dem Wohle aller Völker und Geschlechter der Erde zu dienen. An anderer Stelle hat Er verkündet: Es rühme sich nicht, wer sein Vaterland liebt, sondern wer die ganze Welt liebt. Die Erde ist nur ein Land, und alle Menschen sind seine Bürger.

Bahá´u´lláh

Ährenlese, S. 218

Als ´Abdu´l-Bahá mit seinem Vater Bahá ´u´lláh in der Gefängnisstadt Akka als Verbannter lebte, wohnte dort ein Moslem aus Afghanistan. Dieser hasste ´Abdu ´l-Bahá und beschimpfte ihn, wo immer er ihn traf. Er lebte in einer Moschee und da er arm war und niemand sich um ihn sorgte, schickte ´Abdu´l-Bahá ihm täglich, was er zum Leben brauchte. Der Afghane nahm diese Gaben an, fuhr aber fort, seinen Wohltäter zu verleumden. Eines Tages erfuhr ´Abdu ´l-Bahá, dass der Afghane schwer erkrankt war und eilte sofort zu ihm hin. Als dieser ihn erblickte, bedeckte er sein Gesicht, um ´Abdu ´l-Bahá nicht sehen zu müssen. Dieser besorgte ihm einen Arzt, kaufte Medikamente und Essen für ihn. Während der Arzt den Kranken untersuchte, wandte sich dieser von ´Abdu´l-Bahá ab. Als er wieder gesund geworden war, schickte ´Abdu´l-Bahá ihm neue Kleidung. Am nächsten Tag kam er in ´Abdu´l-Bahás Wohnung, warf sich ihm zu Füßen, weinte wie ein Kind und sagte: „Verzeih mir, mein Herr! 24 Jahre war ich Dein Feind und Du hast Sorge für mich getragen. Ich habe Dich beschimpft, dafür hast Du mir Güte widerfahren lassen. Verzeih mir!"

´Abdu´l-Bahá nahm seine Hand, hob ihn vom Boden auf und tröstete ihn.

15

DAS PRINZIP DES DIENENS: SELBSTÜBERWINDUNG UND SELBSTENTWICKLUNG

Es wurde bereits ausgeführt, dass menschliche Erkenntnis und auch Selbsterkenntnis niemals vollkommen sind. Der Mensch ist ein in seinen Fähigkeiten begrenztes Wesen und kann nur versuchen, ein möglichst umfassendes und der materiellen und geistigen Wirklichkeit möglichst angemessenes Wissen zu erwerben. Eine absolute Erkenntnis Gottes und auch des eigenen Selbstes liegt außerhalb seiner Reichweite. Er wird diese Wahrheit begreifen, wenn er seine Fähigkeiten richtig einzuschätzen gelernt hat. Auch dies ist Selbsterkenntnis: Das Wissen um die eigene Begrenztheit.

Das Wissen um die eigene Begrenztheit kann leicht dazu führen, das man sich als winziger, ohnmächtiger Teil eines riesigen, nicht beeinflussbaren Mechanismus sieht. Auf dieses Problem wurde bereits eingegangen.

Ohne die Erkenntnis Gottes bleibt der Mensch Opfer dieser lähmenden und in ihren Folgen deprimierenden Selbsteinschätzung.

Dies ändert sich grundlegend, wenn der Mensch die Existenz Gottes begreift und die Möglichkeit, im Sinne der göttlichen Gesetze tätig zu werden erkennt. Die Erkenntnis Gottes und das wachsende Wissen um die Ordnung seiner Schöpfung bewirkt, das der Mensch beginnt Gott zu lieben und dankbar zu sein. Und aus dieser Liebe entsteht der Wunsch zum Handeln, die Absicht, das Erkannte in Taten umzusetzen. Durch die Taten, die wir vollbringen und durch ihre Auswirkungen gewinnen wir die Möglichkeit vertiefter Erkenntnis. Ein Prozess geistiger Reifung findet also dadurch statt, dass wir aus Erkenntnis und Liebe zu dienen beginnen.

Was bedeutet dieser Dienst konkret? Wodurch diene ich der Schöpfung und welche Veränderungen bewirkt dies bei mir?

In allen Weltreligionen lautet die Antwort auf die Frage, wem zu dienen sei: Dem Nächsten, dem Mitmenschen. Im Zeitalter globaler Bedrohung der Schöpfung muss die Antwort erweitert werden. Dienst bedeutet heute Dienst am ganzen Menschengeschlecht und an der Bewahrung der Schöpfung für zukünftige Generationen.

Das mag zunächst abstrakt und sehr allgemein klingen, hat aber einen tiefen Sinn. Kein Mensch kann natürlich die Gesamtproblematik unseres Planeten bewältigen, aber jeder ist heute aufgerufen, in seinem örtlich begrenzten Handeln zu berücksichtigen, welche Auswirkungen sein Tun auf den Gesamtorganismus hat. Liebe deinen Nächsten heißt heute nicht mehr, nur auf den zu achten, der zur eigenen Familie, Stammesgruppe, Nation oder Rasse gehört. Im Zeitalter globaler Vernetzung ist uns Jeder nahe geworden. Deshalb muss bedacht werden, wie das, was wir tun, sich anderswo auswirkt. Ein globales Bewusstsein, Wissen um weltweite Zusammenhänge ist dafür notwendig. Glücklicherweise hat sich auch das Wissen der Menschheit global zu vernetzen begonnen. Nur das Gewissen der Weltenbürger, das heißt ihr tatsächliches Tun ist noch nicht auf der Höhe der Zeit.

Dienen heißt also heute, dass jeder dort, wo er lebt und arbeitet das tut, was im Sinne der Erhaltung des Gesamtorganismus der Schöpfung ist. Jede Arbeit, die auf diese Weise verrichtet wird, ist Gottesdienst. Gleichzeitig ist sie aber auch Dienst am Nächsten und an sich selbst. Denn indem ich durch meine Arbeit anderen Menschen diene, ohne gleichzeitig jemand anderem oder dem Schöpfungsganzen zu schaden, trage ich zur Harmonisierung des Ganzen bei und nutze mir damit selbst.

Es lassen sich verschiedene Arten des Dienens unterscheiden. Tätigkeiten, durch die etwas hergestellt wird, das Anderen Nutzen bringt, sind eine solche Form. Hierbei ist es wichtig, das das, was wir tun, nach bestem Vermögen geschieht, das heißt im Bewusstsein geschaffen wird, dass es seinen Zweck besonders gut erfüllt. Diese Art von Tätigkeit ist heute fast schon aus der Mode gekommen. Der Markt wird von einer Fülle von Produkten mangelhafter Qualität überflutet, deren geringe Lebensdauer von ihren Herstellern eingeplant ist, mit dem Ziel, den Umsatz bzw. den Profit anzukurbeln. Hier ist das egoistische Motiv unverkennbar.

Ein Produkt im Sinne des Dienstes anzufertigen erfordert ein Gefühl der Verantwortung für den Verbraucher und Hingabe an die Tätigkeit. Der Hersteller muss sich mit dem Verbraucher, auch wenn er ihn nicht kennt, identifizieren und mit solcher Sorgfalt arbeiten, als wolle er das Produkt einem Freunde schenken. Wer so tätig wird, erschließt sich den Lohn des Gerechten. Da er einem anderen Menschen nach seinen Fähigkeiten versucht hat gerecht zu werden, fühlt er nicht nur die Zufriedenheit dessen, der sein Werk gut gemacht hat, sondern hat auch das Bewusstsein im Sinne des liebenden Schöpfers gehandelt zu haben, der auch frei von Selbstsucht seinen Geschöpfen zur Verfügung stellt, was ihnen dient.

Dies gilt in mindestens gleichem Maße für unmittelbare Dienstleistungen, egal ob es die der Müllabfuhr, die Tätigkeit einer Behörde oder die des Arztes ist. Hier tritt der Dienstleistende oft in direkten Kontakt mit dem Nutznießer seiner Tätigkeit. Ein lieblos verrichteter Dienst setzt hier unmittelbar psychische Reaktionen des Empfängers in Gang und wirkt destruktiv, was meist auf den Täter zurückschlägt. Umgekehrt erfährt derjenige, der seinen Dienst mit Liebe und Hingabe tut, hier unmittelbaren Lohn durch die positive Reaktion des Betroffenen. Und selbst wenn diese mangels persönlicher Reife oder aus anderen Gründen ausbleibt, hat er die Gewissheit, richtig gehandelt zu haben und kann mit sich selbst zufrieden sein.

Eine besondere Form des Dienstes besteht darin, Menschen behilflich zu sein, im Einklang mit den Gesetzen der Schöpfung zu leben und sich auf einen Weg geistigen Wachstums zu begeben. Es gibt nur wenige Dinge, die mit der Freude vergleichbar sind, die ein solcher Dienst bei beiden Beteiligten auslöst.

Dienen bedeutet aber auch, die eigenen Fähigkeiten weiterzuentwickeln, die uns immer besser in die Lage versetzen, Anderen eine Hilfe zu sein. Oft erfahren wir im Kontakt mit anderen Menschen unsere Unvollkommenheit. Wir bekommen dadurch den Anstoß, einen Mangel zu erkennen, der uns hindert, mit Anderen in konstruktive Beziehungen zu treten. Ein stark ausgeprägtes Dominanzverhalten kann uns zum Beispiel hindern, Anderen zu helfen, weil sie sich überfahren fühlen. Nähern wir uns einem Menschen nur mit dem Intellekt, so fühlt er sich meist unverstanden. Auch übertrieben mitleidendes und einfühlsames Verhalten kann dazu führen, dass wir einem Menschen nicht die Hilfe geben können, die er braucht, weil uns die Distanz fehlt, die Dinge objektiv zu sehen und wir ihn nur in seinen Gefühlen bestärken können.

Wenn ich erkenne, dass ich aufgrund eigener Schwächen einen bestimmten Dienst nicht leisten kann, muss der notwendige Schritt darin liegen, diesen Mangel zu beseitigen. Dabei ist es wenig konstruktiv, die Eigenschaften, die wir besonders ausgeprägt haben, bekämpfen zu wollen. Denn sie sind ja, wenn sie richtig dosiert verwendet werden, durchaus von Nutzen. Ein dominanter Mensch hat das erforderliche Selbstvertrauen, ein zu Mitgefühl fähiger Mensch verfügt über die wichtigste Eigenschaft dessen, der helfen will. Wenn die genannten Eigenschaften für sich nicht zur Wirkung gelangen, so liegt das daran, dass sie allein und dadurch im Übermaß angewendet werden. Ich muss also dafür sorgen, das, was noch als Ergänzung fehlt, zu entwickeln. Der dominante Mensch wird sein Einfühlungsvermögen steigern müssen, der Mitleidende daran arbeiten, die Fähigkeit zur bewussten Distanzierung zu verstärken, die ihm ermöglicht, den Sachverhalt auch von außen zu sehen.

Gehen wir so vor, dass wir nicht bereits ausgeprägte Fähigkeiten zu bekämpfen versuchen, sondern uns um ihre Ergänzung und Ausgleich bemühen, dann wirken wir konstruktiv, aufbauend im Sinne der Schöpfung.

Nur so kann geistiges Wachstum stattfinden. Denn wir wachsen nicht, indem wir uns bereits entwickelte Gliedmaßen amputieren, sondern indem wir die zurückgebliebenen mit mehr Nährstoffen versehen.

Wenn wir unsere Schwächen erkennen, werden wir daher keine Energie darauf verschwenden, den Mangel zu beklagen, Anderen anzulasten oder Minderwertigkeitsgefühle zu pflegen. Auch Schuldgefühle hindern uns nur im positiven Sinne aktiv zu werden. Wir werden uns vielmehr um eine kreative Antwort bemühen und da eine Stärkung herbeiführen, wo sie erforderlich ist. Sind Erkenntnis und Wille stark genug, werden wir innerhalb kurzer Zeit eine Veränderung herbeiführen, die uns ermutigt, den Wandlungsprozess fortzusetzen. Machen wir trotz tätiger Bemühung keine Fortschritte, dann fordert uns dies heraus, unsere Erkenntnisbemühungen zu vertiefen, da wir offensichtlich die Ursachen des Scheiterns noch nicht genügend durchschaut haben.

Der Dienst an anderen Menschen hat eine den Dienenden verwandelnde Kraft. Er ist das beste und wirksamste Mittel der Selbstentwicklung, was immer Überwindung des alten Selbstes beinhaltet. Durch ihn lernen wir schrittweise unsere egoistischen Triebe und Neigungen in sozial verträgliche Schranken zu weisen und uns von unserem materiell verhafteten Selbst, dem niederen Ich, fortzubewegen. Indem wir dies tun, steigen wir Stufe um Stufe höher auf dem Wege der Vervollkommnung. Die zunehmende Vergeistigung macht uns realitätsfähiger, sozialer und konstruktiver, denn es ist keine Spiritualität der Weltflucht, sondern eine Geistigkeit, die uns mitten ins Leben hineinführt. Es ist eine Wandlung, die uns ein Höchstmaß an Bestätigung, Glück und Zufriedenheit gewährt, weil sie uns immer besser teilnehmen und teilhaben lässt am Prozess der Entwicklung, das heißt auch der geistigen Weiterentwicklung der Welt.

O Sohn des Menschen!

Für alle Dinge gibt es ein Merkmal. Das der Liebe ist die Standhaftigkeit bei Meinem Urteilsspruch und die Geduld in Prüfungen.

Bahá´u´lláh

Verborgene Worte, S. 21

Seelen, die die Prüfungen Gottes ertragen, werden zu Offenbarungen großer Gnadengaben; denn die göttlichen Prüfungen lassen manche Seelen völlig leblos werden, während sie die Ursache sind, dass die heiligen Seelen sich zur höchsten Stufe der Liebe und Festigkeit erheben.

´Abdu´l- Bahá

Göttliche Lebenskunst, S. 130

"Wenn Gewaltlosigkeit als dynamische Forderung verstanden wird, ist sie bewusst getragenes Leiden. Sie meint nicht etwa willige Unterwerfung unter den Willen des Tyrannen. Sie bedeutet, dass wir unsere ganze Seelenkraft dem Unterdrücker entgegensetzen. Nach diesem Prinzip, unter dem eigentlich unser Dasein steht, vermag ein Einzelner dem Machtwillen eines ungerecht handelnden Weltreiches Trotz zu bieten, um seine Würde, seinen Glauben, seine Seele zu retten und den Sturz dieses Reiches oder gar dessen moralische Erneuerung einzuleiten."

Diese Worte schrieb Gandhi im Jahre 1920. Zwei Jahre später wurde er verhaftet, nachdem er durch Fasten eine Kampagne zivilen Ungehorsams beendet hatte, bei der es gegen seinen Willen zu Gewalttätigkeiten gegen die Kolonialherren gekommen war.

Vor Gericht auf sein Verhalten angesprochen, antwortete er: "Ich möchte dem hohen Gericht Zeit ersparen, wenn ich beeide, dass ich bis zum heutigen Tag der Ansicht bin, dass es unser aller Pflicht ist, sich dem Übel zu verweigern. Und dass die britische Regierung dieses Übel ist.

Ich bin im Sinne der Anklage schuldig. Und wenn Sie an das Rechtssystem glauben, Mylord, das Sie in meinem Lande ausüben, müssen Sie mich mit der schwerstmöglichen Strafe belegen, die Ihr Gesetz vorsieht."

Der Richter war von diesen Worten sichtlich beeindruckt und sagte: "Es ist mir unmöglich zu ignorieren, dass Sie zu einer anderen Kategorie Mensch gehören als die, über die ich bisher zu urteilen hatte oder über die ich in Zukunft zu urteilen haben werde. Aber dennoch kann ich nicht anders, als Sie zu sechs Jahren Freiheitsstrafe verurteilen zu müssen. Falls sich jedoch zu einem späteren Zeitpunkt Seiner Majestät Regierung bereit erklären könnte, die Strafe zu verkürzen, würde sich niemand mehr als ich darüber freuen."

Zwei Jahre später wurde Gandhi vorzeitig aus dem Gefängnis entlassen.

Im Jahre 1940 schrieb er an den britischen Vizekönig von Indien: "Satyagraha, das Gesetz der Wahrheit und Gewaltlosigkeit, kennt keine Niederlage. Kerkerhaft auszuhalten ist einer der vielen Wege, die Botschaft weiterzutragen."

Sieben Jahre später war Indien unabhängig.

16

STANDHAFTIGKEIT UND GEDULD IN PRÜFUNGEN

Jeder Mensch hat die Möglichkeit, sich schrittweise und im Rahmen seiner Bemühungen weiterzuentwickeln. Dennoch wäre es falsch anzunehmen, dass dieser Prozess kontinuierlich und ohne Probleme verläuft. Dafür sorgt schon unsere Unvollkommenheit. Wer sich von Rückschlägen entmutigen lässt, wird nicht weit kommen.

Meist sind solche Ereignisse, die wir als Rückschläge empfinden, Hindernisse, die aufgrund unserer noch nicht weit fortgeschrittenen Selbsterziehung unüberwindbar erscheinen. Sie sind Herausforderungen an unsere Bereitschaft, den Prozess der Selbsterkenntnis zu vertiefen und sie dadurch überwinden zu lernen.

Darüber hinaus gibt es eine Fülle von Prüfungen, die uns durch unsere Mitmenschen bereitet werden.

Wie reagiere ich, wenn ich ungerecht behandelt, ohne sichtbaren Grund angegriffen oder beleidigt werde?

Wie verhalte ich mich als Opfer von Intrigen oder übler Nachrede? Werde ich dann selbst aggressiv und begebe mich damit auf das Niveau des Angreifers? Oder erinnere ich mich, wie ich sein will, verhalte mich so, wie es meine Wertvorstellungen verlangen?

Es ist noch vergleichsweise einfach, in solchen Situationen nach außen die Selbstkontrolle zu bewahren. Weitaus schwieriger ist es, nicht insgeheim Rachegedanken nachzuhängen oder sich niederschlagen zu lassen und damit die eigenen konstruktiven Fähigkeiten mattzusetzen. Es ist nicht leicht, sich aus der Betroffenheit zu lösen und die vielleicht beabsichtigte Kränkung nicht wirksam werden zu lassen. Aber auch in solchen Situationen hilft die Erkenntnis, dass wir selbst entscheiden, wie wir auf eine Situation reagieren. Eine Kränkung muss mich nicht krank machen, es sei denn ich helfe dabei mit und reagiere gekränkt, das heißt ich mache den Versuch der Kränkung zu meiner eigenen Angelegenheit und unterstütze ihn.

Viele Menschen sind fest davon überzeugt, dass ihre Gefühle zwangsläufige Ereignisse sind, die sie mit Naturgewalt überrollen. Es ist hilfreich, wenn man versteht, dass wir unsere Gefühle auch selbst erzeugen. Sie werden zwar ausgelöst von Reizen, aber wir entscheiden, wie viel Raum wir ihnen geben, ob wir sie selbst aktiv verstärken und kultivieren oder aus geistiger Überlegenheit überwinden. Gelingt uns dies nicht, so werden wir ständig Opfer unserer eigenen Schwäche, unsere Emotionen nicht durch verstandesmäßige Einsicht beherrschen und verändern zu können. Denn auch dies ist möglich. Wer sich auch in Situationen, wo er persönlich angegriffen wird, seinen überlegenen Wertvorstellungen gemäß verhalten kann, der empfindet sich als wahrhaft frei und unabhängig, er verwandelt dadurch negative Gefühle in positive und kann durch seine unerwarteten Reaktionen die Situation häufig verwandeln und den Angreifer zur Einsicht bringen.

Es gibt nur wenige Situationen, die so befriedigend sind, wie wenn es uns gelungen ist, einen Angriff zu einer Gelegenheit gegenseitigen Verstehens zu machen und einen vermeintlichen Gegner zum Freund. Aber genau das ist es, was uns von den großen Religionsstiftern vorgelebt wurde als ein Beispiel, das Menschen in die Lage versetzen soll, ihre niederen Triebe zu überwinden.

Es gibt noch eine dritte Kategorie von Prüfungen. Dies sind solche, die in keinem erkennbaren Verhältnis zu unserem eigenen Verhalten, unserer geistigen Entwicklung stehen und auch nicht von unseren Mitmenschen ausgelöst werden. Es sind unerwartete Schicksalsschläge, die mit einem Mal unsere ganze Vorstellungswelt und unsere mühsam erworbenen Werte in Frage stellen können und möglicher Weise sogar unseren Glauben an die göttliche Gerechtigkeit erschüttern.

Für viele Menschen ist die Tatsache, dass sich Massenmörder in Amt und Würden eines langen Lebens erfreuen, während unschuldige Kinder durch Armut und Hungerkatastrophen getötet werden, ein Beweis, dass es einen gerechten Gott nicht geben kann. Das heißt, sie beurteilen die Frage göttlicher Gerechtigkeit nach irdischen Maßstäben. Damit klammern sie die Möglichkeit eines Lebens nach dem Tod von vornherein aus ihren Überlegungen aus. Das bedeutet aber, dass in ihren Vorstellungen die Existenz eines Schöpfers jenseits der materiellen Welt gar keine Rolle spielt. Täte er dies, müssten sie die Möglichkeit in Betracht ziehen, dass das Prinzip ausgleichender Gerechtigkeit auch die geistige Welt mit einbezieht. Sie leugnen also die Existenz Gottes, weil sie sich selbst nicht vorstellen können, dass es ein Wesen gibt, das einen höheren als den irdischen Maßstab an die Frage der Gerechtigkeit anlegt. Anders ausgedrückt machen sie ihr eigenes Verständnis zum Kriterium für das, was es gibt. Damit verbauen sie sich selbst jede Chance, das, was sie noch nicht erkannt haben, zu begreifen und ihren geistigen Horizont zu erweitern. Sie machen sich sozusagen zu Opfern ihrer eigenen Kurzsichtigkeit.

Wer sich weigert, diesen Zusammenhang zwischen seinen Erwartungen und seinem Weltbild zu sehen, der wird an existenziellen Prüfungen mit großer Wahrscheinlichkeit scheitern oder zerbrechen, selbst wenn er sich bis zum Zeitpunkt der Heimsuchung für gläubig hielt. Es wird ihm dann nicht anders gehen, als dem Zweifler, dem Zyniker, der Schicksalsschläge als Beweise für die Absurdität des menschlichen Daseins ansieht und sich durch sie in seiner Haltung bestätigt fühlt.

Demgegenüber kann ein Mensch, der an den höheren Sinn seines Lebens und all dessen, was ihm widerfährt, glaubt, Prüfungen als Aufgaben verstehen, sie als Herausforderungen der eigenen Entwicklungsfähigkeit annehmen.

Die erste Haltung ist destruktiv und selbstzerstörerisch und endet in der Verzweiflung, dem Lohn des Zweifelnden. Die zweite Einstellung ist produktiv und häufig die Grundlage für Wachstum. Durch sie ist der Mensch in der Lage, selbst aus schweren Schicksalsschlägen gestärkt hervorzugehen, die Menschen ohne Demut und tiefere Einsicht schwächen oder vernichten würden.

Somit erweist sich Demut, oft als Tugend der Schwachen verschrien, als Quelle der Kraft und Unbesiegbarkeit. Sie ist eine einzigartige menschliche Fähigkeit, Beweis für die Überlegenheit des Geistes über alles Materielle. Sie versetzt Menschen in die Lage, auch unter den schlimmsten und erniedrigendsten Bedingungen noch die Würde zu bewahren. Zahllose Beispiele der Religionsgeschichte legen Zeugnis ab von dieser Fähigkeit. Sie scheint nur dem zugänglich zu sein, der einen höheren Sinne als sich selbst gefunden hat und an einen liebenden Urquell allen Seins glaubt. Die Erfahrung auch an Schicksalsschlägen reifen zu können, wird nur dem zuteil, der sich in selbständigem Ringen den Weg zu höherer Erkenntnis eröffnet hat. Sie bleibt all denen verschlossen, die ihren Glauben von Anderen übernommen und niemals selbst geprüft haben.

Wer die Suche nach einem höheren Sinn seines Lebens mit der Entscheidung beendet hat, es dürfe keinen geben, weil er selbst ihn nicht finden konnte, der wird an solchen Prüfungen zerbrechen oder bestenfalls trotzig sich weigern aufzugeben. Und obwohl er mit seiner Haltung der Unbeugsamkeit seinen geistigen Ursprung bestätigt, ist er doch nicht fähig, sich selbst an die Energiequelle der Schöpfung anzuschließen. Er ist unfähig zu lieben und kann dadurch keine göttliche Liebe empfangen. Er hat sich nicht zum offenen Gefäß machen können und geht deshalb leer aus.

Prüfungen sind Quellen der Selbsterkenntnis. Wie weit geht mein Glaube, wie weit reicht meine Überzeugung, meine Treue zu mir selbst als einem geistigen Wesen?

Es gibt Menschen, die sich für fest im Glauben halten und bei einer wirklich schweren Prüfung allen Halt verlieren, mit ihrem Schicksal hadern, sich selbst und ihre Beziehung zum Schöpfer aufgeben. Plötzlich wird sichtbar, dass sie nur dankbar sein konnten, solange sie sich als Günstlinge des Schicksals fühlen konnten. Sie sind Wanderer, die nicht mehr zum Gehen in der Lage sind, wenn der Weg steil wird, wie Vögel, die angesichts des Sturmes ihre Fähigkeit zu fliegen verlieren.

Sie fühlen sich vom Schicksal ihres Lebenssinnes beraubt, aber in Wirklichkeit haben sie selbst ihn aufgegeben. Auch hier noch sind sie Schöpfer ihrer selbst, ein trauriges Abbild der menschlichen Fähigkeit, über sich selbst zu bestimmen.

O Sohn des Seins!

Liebe mich, damit ich dich liebe. Wenn du mich nicht liebst, kann meine Liebe dich niemals erreichen. Erkenne dies, o Diener.

Bahá ´ u ´lláh

Verborgene Worte, S. 9

O Sohn des Wortes!

Du bist meine Feste. Tritt ein, auf dass du sicher wohnest. Meine Liebe ist in dir. Erkenne dies, damit du Mich nahe findest.

Bahá ´u ´lláh

Verborgene Worte, S. 10

Wisse wahrlich: Liebe ist das Geheimnis göttlicher Offenbarung! Liebe ist die geistige Erfüllung! Liebe ist das Licht des Reiches Gottes! Liebe ist die Ursache der Offenbarung der Wahrheit in der Welt der Erscheinung! Liebe ist das Mittel zur höchsten Glückseligkeit in der Welt des Stoffes wie der Welt des Geistes! Liebe ist die Ursache der Entwicklung für jeden erleuchteten Menschen! Liebe ist das größte Gesetz in diesem unendlichen Reiche Gottes! Liebe ist das eine Gesetz, das die Ordnung zwischen den bestehenden Atomen hervorbringt und über sie Macht hat! Liebe ist die Ursache, die den suchenden Sinnen die Geheimnisse enthüllt, die der Unendliche ins All gelegt hat!

'Abdu 'l-Bahá, in: Liebe und Ehe, S. 5f.

Das ist Mein Gebot, dass ihr einander liebet, wie Ich euch geliebt habe. Eine größere Liebe hat niemand als die, dass er sein Leben für seine Freunde hingibt.

Neues Testament

Einer der größten Baumeister, Bildhauer und Maler aller Zeiten hatte nach neunjähriger Arbeit sein bisher bedeutendstes Werk vollendet. Nun stand es von allen Seiten beleuchtet auf dem Marktplatz, wo die Einweihungsfeier stattfand. Der Künstler war im Mittelpunkt des Interesses, sein Können wurde gepriesen und seine herausragenden Verdienste für sein Land gerühmt. Als alle Hände geschüttelt, die Musik verklungen und die Menschenmenge verschwunden war, saß er still am Fuße seines Meisterwerkes und starrte vor sich hin.

Ein alter Mann, der die Abfälle zusammenfegte, sah ihn dort sitzen und sprach ihn an.

„Meister, ist heute nicht der Tag Eures größten Erfolges?"

Der Angesprochene nickte. „Warum seid ihr dann nicht glücklich?"

„Weil es niemanden gibt, mit dem ich meine Freude teilen kann."

17

DIE FÄHIGKEIT BEDINGUNGSLOS ZU LIEBEN

Liebe ist zu einem der am meisten missverstandenen und missbrauchten Wörter geworden. Die über die Medien verbreiteten Vorstellungen und Klischees haben dazu einen wesentlichen Beitrag geleistet. Da Liebe mit intensiven Gefühlen verbunden ist, die oft schwer durchschaubar sind, ist es verständlich, dass andere Gefühle damit leicht verwechselt werden. In einer von sexueller Freizügigkeit geprägten Kultur wird lieben oft mit sexueller Betätigung gleichgesetzt. Viele Menschen glauben zu lieben, wenn sie sich von einem anderen Menschen stark angezogen fühlen, auch wenn diese Attraktion auf körperlichen Merkmalen beruht. In Gesellschaften, in denen Identität vor allem durch Eigentum definiert wird, halten Menschen den Wunsch, einen Anderen zu besitzen bereits für Liebe. Auch Abhängigkeit wird oft mit Liebe verwechselt.

Ein anderes Missverständnis besteht darin anzunehmen, Liebe sei lediglich ein Gefühl. Dies führt dazu, dass man sich dem Aufwallen und Abflachen seiner Emotionen wie einem Naturereignis gegenübersieht, an dem man glaubt, persönlich nichts beeinflussen oder gar ändern zu können. Es überkomme einen gleich einer Flut, und wenn es sich zurückziehe, lasse es einen ebenso hilflos zurück. Mit dieser Auffassung macht man sich selbst zum Opfer seiner Triebe und Stimmungen aber auch gleichzeitig abhängig von den

Gefühlsschwankungen seiner Bezugspersonen, denn auch deren jeweilige Gemütsverfassung entscheidet dann über meine eigene. Die negativen Gefühle des Anderen lösen zwangsläufig eigene negative Stimmungen aus, während die eigenen positiven Gefühle davon abhängig sind, dass einem Zuneigung entgegengebracht wird. Ein Mensch, der sich in die Falle dieser Denkkonstruktion begibt, macht sich zum Sklaven seiner spontanen Gemütszustände und zur Marionette der Gefühlslagen seiner Bezugspersonen. Aus dieser Falle scheint es nur einen Ausweg zu geben, den der Trennung. In der Hoffnung, durch Partnerwechsel das Problem lösen zu können, begibt man sich in eine neue Beziehung. Aber bald stellt sich heraus, dass der gleiche Teufelskreis auch hier einsetzt, solange beide Partner daran glauben, dass ihre Gefühle füreinander nicht bewusst steuerbar und veränderbar sind.

Liebe ist sicherlich mit starken Gefühlen verbunden, aber diese stehen in intensiver und ständiger Wechselwirkung mit unserem Denken und Handeln. Ich kann Liebesgefühle systematisch abtöten, indem ich mir andauernd die negativen Seiten des Partners vorstelle. Ich kann aber auch meine eigene Zuneigung verstärken, indem ich an die Qualitäten des Anderen denke. Noch weit wirksamer beeinflusse ich die eigenen Gefühle und die des Anderen, wenn ich den Anderen an meinen positiven Gedanken teilhaben lasse, ihm meine Wertschätzung vermittle und Dinge tue, die diese Haltung zum Ausdruck bringen: Wenn ich Liebe in liebevolle Taten umsetze.

Wer glaubt, dadurch verändere er nur die Gefühle des Anderen, der irrt. Denn allein dadurch, dass ich mich für eine konstruktive Einstellung entscheide, meine Gedanken auf positive Gleise bringe und dem Anderen zu dienen beginne, öffne ich mich selbst für Gefühle der Freude und Zufriedenheit. Handeln im Einklang mit den Schöpfungsgesetzen bringt unmittelbaren Lohn. Dadurch aber, dass meine Taten über kurz oder lang ihre positive Wirkung auf den Anderen nicht verfehlen, werde ich selbst zum Empfänger liebevoller Gefühle.

Aus einem Teufelskreis ist ein Kreis gegenseitiger Beglückung geworden.

Nun verläuft auch dieser Prozess nicht ohne Rückschläge. Nicht immer verhält sich der Andere so, wie man es erwartet und erhofft. Nicht immer werden positive Einstellungen und Gefühle sogleich beantwortet. Wenn wir jetzt mutlos werden und aufgeben, beginnt der Teufelskreis sofort von vorne. Was wir brauchen, ist also eine Kraft, die es uns ermöglicht, auch unter schwierigen Umständen und selbst wenn wir angefeindet und abgelehnt werden, handlungsfähig zu bleiben.

Diese Kraft ist die Einsicht in die Beschaffenheit der Liebe Gottes.

Betrachten wir die Welt der Schöpfung, so erkennen wir, dass keineswegs jedes Fehlverhalten, noch nicht einmal jedes Verbrechen am Schöpfungsganzen sofortige Bestrafung nach sich zieht. Allein diese Tatsache führt bei vielen Menschen dazu, dass sie die Existenz Gottes bezweifeln, anstatt sie für einen Beweis der Großmut Gottes zu nehmen und die Möglichkeit zu erwägen, dass nur so die menschliche Entscheidungsfreiheit bewahrt werden kann. Würden wir nämlich augenblicklich nach einer Missetat bestraft, hätten wir aus egoistischen Gründen gar keine Wahl mehr. Denn kaum jemand würde sich in voller Absicht Schaden zu fügen.

Die Wahlfreiheit des Menschen ist also eng mit dem Prinzip der Nachsicht Gottes verknüpft.

Die Tatsache, dass menschliches Verhalten nicht sofort Strafe, aber auch nicht immer gleich Lohn nach sich zieht, lässt sich verstehen als Ausdruck eines Schöpfungsprinzips. Der Mensch ist dadurch aufgefordert, sich aus eigener Entschlossenheit geistig weiterzuentwickeln, die göttlichen Gesetze zu verstehen und eigenverantwortlich das als richtig Erkannte zu tun. Dies ist Teil unserer Bestimmung, durch Überwindung unserer niederen Triebe uns immer mehr den Eigenschaften Gottes zu nähern.

Eine dieser Eigenschaften ist die Nachsicht, die Fähigkeit zu vergeben. In der Religionsgeschichte gibt es zahlreiche Beispiele, die zeigen, wie ein Mensch, der selbst das Verbrechen des Mordes oder der Anstiftung zum Mord auf sich geladen hat wie Moses oder

Paulus, zu einem Empfänger göttlicher Gnade werden und als Offenbarer der Eigenschaften Gottes wirken konnte. Diese Beispiele verdeutlichen, dass die menschliche Entscheidungsfreiheit auch die Möglichkeit zu schwersten Fehlern einschließt, sowie die Chance diese zu korrigieren.

Göttliche Gnade bedeutet also, dass auch Wesen, die sie nach menschlichen Maßstäben nicht verdienen, von ihr nicht ausgeschlossen sind. Dies ist nicht nur ein ungeheurer Trost - aber keine Aufforderung zur Nachlässigkeit - für den, der Fehler begeht. Es beinhaltet auch eine Herausforderung, sich den göttlichen Maßstab zu eigen zu machen und sein Verhalten danach zu richten.

Wenn es uns auch nur in bescheidenem Maße gelänge, unsere Mitmenschen ähnlich großmütig zu behandeln, dann müsste dies auf die Gesellschaft eine verwandelnde Wirkung ausüben.

Veranschaulichen wir diese These am Beispiel der Entwicklung eines Kindes.

Die bedingungslose Liebe der Eltern ist für ein kleines Kind die Grundlage, auf der sein Vertrauen wächst.

Sie gibt ihm Sicherheit und Geborgenheit, das Gefühl am richtigen Platz zu sein, den Mut, sich immer selbständiger zu entwickeln und schließlich auch die Fähigkeit, sich selbst lieben zu können. Ohne diese Fähigkeit wird das Kind später nicht in der Lage sein, Andere lieben zu können. Diese bedingungslose Liebe bedeutet nicht, dass die Eltern jedes Verhalten ihres Kindes billigen. Es bedeutet aber, dass sie dem Kind nicht aufgrund seines Fehlverhaltens das Gefühl geben, abgelehnt zu werden.

Die Liebe der ersten Bezugspersonen gibt einem Kind Selbstvertrauen und inneren Halt und stärkt den Glauben an die eigenen Möglichkeiten. Sie ist die Grundlage einer gesunden Entwicklung. Gerade in einer von Materialismus und Egoismus geprägten Zeit ist es aber für Eltern nicht leicht, das rechte Maß zwischen den eigenen Bedürfnissen und denen des Kindes zu finden. Oft sind sie nicht vorbereitet auf den verantwortungsvollsten aller Berufe, liebevolle Begleiter und Entwicklungshelfer ihrer Kinder zu sein. Allzu oft fehlt ihnen das Wissen um die psychologischen Zusammenhänge und Bedingungen ihrer Wirkung als Erzieher. Die traditionellen Erziehungskonzepte sind überholt und neue sind nur interessierten Minderheiten verfügbar. Deshalb ist die flächendeckende Vermittlung grundlegender pädagogischer Kenntnisse so wichtig, wenn wir verhindern wollen, dass die nachwachsenden Generationen zum Opfer der zerstörerischen Einflüsse unserer Zeit werden. Die Zunahme kindlicher Verhaltensstörungen, die Eskalation von Gewalt und Jugendkriminalität sprechen eine deutliche Sprache. Pädagogik gehört deshalb als Pflichtfach an jede weiterführende Schule. Sie ist für jeden Menschen absolut unverzichtbar, so sehr wie die Liebe, die in ihrem Mittelpunkt stehen muss.

Die meisten Menschen werden sich an Augenblicke erinnern, in denen sie das Gefühl hatten, bedingungslos geliebt zu werden. Und sie werden wissen, dass in solchen Momenten alles leicht wird, nichts mehr schwierig oder unmöglich erscheint. Dieses Gefühl gibt eine schöpferische Kraft, die einen selbst verwandeln kann.

Man ist angeschlossen an den Kreislauf schöpferischer Energie, weil ein anderer Mensch das Urprinzip der Schöpfung auf uns angewandt und begonnen hat, uns bedingungslos zu lieben.

Bedingungslose Liebe ist die menschliche Fähigkeit, mit der wir Gott am nächsten kommen. Denn durch sie werden wir selbst zum Verursacher der gleichen Fähigkeit bei anderen Menschen. Sie übt eine fast unwiderstehliche Anziehungskraft aus, die jeder erproben kann, der sich selbst dazu befähigt. Sie ist das Geheimnis der Wirkung religiöser Offenbarungen. Umgekehrt ist sie der Prüfstein der Echtheit eines göttlichen Impulses. Überall da, wo im Rahmen religiöser Systeme Vergeltungs- und Rachegedanken das Prinzip bedingungsloser Liebe verdrängen und außer Kraft setzen, hat der göttliche Urimpuls aufgehört wirksam zu sein.

Wenn es uns gelingt, den anderen Menschen wie uns selbst als ein Geschöpf Gottes zu sehen, mit Fehlern und Schwächen, aber ausgestattet mit dem Potential, sich in ungeahnte Höhen zu entwickeln, dann fällt es uns leichter, Fehlverhalten zu vergeben oder zu übersehen. Erinnern wir uns in solchen Momenten unserer eigenen Mängel und Schwächen und versuchen nicht, diese stellvertretend im Anderen zu bekämpfen! Beginnen wir an uns selbst zu arbeiten und machen uns dadurch zum Werkzeug des eigenen Wachstums und vielleicht zum Vorbild für die, die das Gleiche begriffen haben! Und selbst, wenn die Anderen nicht mitziehen können oder wollen, muss uns das nicht hindern, das Richtige zu tun und zumindest unsere eigene Entwicklung voranzubringen.

Es wurde bereits angedeutet, dass nur der die Liebe Gottes erkennen und erfahren kann, der sich selbst auf dem Weg macht, seine geistigen Fähigkeiten zu entwickeln. Es ist so, als müssten wir erst die Organe ausbilden, um das wahrnehmen zu können, was uns sonst für immer verborgen bleibt. Die Erkenntnis Gottes ist die Bedingung für die Liebe zu Ihm, und ohne diese Liebe zu fühlen sind wir außerstande seine Liebe zu empfangen. Wir nehmen sie einfach nicht wahr, und es ist für uns so, als gäbe es sie nicht.

Das Gleiche gilt auch für die Liebe zwischen Menschen. Nur wer selbst liebt, kann Liebe empfangen und das Geschenk achten, das ihm zuteil wird.

Weit verbreitet ist heute die Illusion, man müsse sich nur auf die Suche nach dem Geliebten begeben, und wenn man ihn gefunden habe, stünde dem Glück nichts mehr im Wege. Die wirkliche Aufgabe ist eine andere. Sie besteht darin, sich durch Erkenntnis selber liebesfähig zu machen, denn nur dann werden wir aus der Begegnung mit einem anderen Menschen eine Beziehung der Liebe entwickeln können.

Der Liebesbegriff bedarf also dringend der Erweiterung.

Liebe ist ein Verhalten, das Selbstannahme voraussetzt und auf der bewussten und emotionalen Bereitschaft beruht, einen anderen Menschen so wie er ist anzunehmen. Sie zeigt sich in der Fähigkeit, die Fehler des Anderen zu vergeben, ihn zu ermutigen und dies durch Taten auszudrücken.

Sind wir zu solchen Taten unfähig, so haben wir keinen Anlass von Liebe zu reden. Wir sollten also unser Bedürfnis, unsere Sehnsucht nach Liebe nicht mit der Fähigkeit zu lieben verwechseln.

Liebe zeigt sich in Taten, die dem Anderen Mut machen, sich weiter zu entwickeln, die ihm das Gefühl geben, geschätzt und angenommen zu sein. Dazu ist nur der in der Lage, der sich selbst nicht in den Mittelpunkt seiner Gefühle stellt, der fähig ist, sich selbst zu vergessen. Sich selbst in der Begegnung mit einem Anderen vergessen zu können ist aber nur dem möglich, der sich selbst angenommen hat, der den Mangel an Selbstwertgefühl nicht durch die Bestätigung und Zuneigung Anderer ausgleichen muss. Wer ständig Liebesbeweise von anderen erwartet und von ihnen abhängig ist, wer nicht die innere Sicherheit hat, die aus der Selbstachtung kommt, wer nicht an sich selbst glaubt, der wird Andere nicht lieben können. Er wird auch nicht zur Treue fähig sein, denn diese setzt voraus, dass man sich selbst vertrauen und treu bleiben kann.

Liebe bedarf also persönlicher Reife. Die Zuneigung des Kindes, die auf Abhängigkeit beruht, die Liebessehnsucht des Heranwachsenden, der auf der Suche nach sich selbst ist, aber in egozentrischer Befangenheit noch nicht die Gesetzmäßigkeiten seiner Entwicklung erkannt hat, sind Vorstufen der Fähigkeit zu lieben, die sich in ihrem reifen Stadium in Taten der Selbstlosigkeit zeigt.

Diese Fähigkeit erwirbt man nicht plötzlich. Sie erfordert tägliches Bemühen, die Bereitschaft aus Misserfolgen zu lernen und sich und seine Gefühle immer wieder in Frage zu stellen. Dies ist ein entscheidender Teil unseres Ringens um geistiges Wachstum. Es ist der Teil, der die größten Glücksgefühle bereit hält.

Die Entwicklung der Liebesfähigkeit setzt geistige Heilungskräfte frei, die nach innen und außen wirken. Dies geht soweit, dass sogar das körpereigene Immunsystem gestärkt wird, wenn man liebt: Ein Beweis dafür, dass ein Leben im Einklang mit Schöpfungsgesetzen allseitige Gesundung bewirkt.

O Kinder des Staubes!

Lasst die Reichen vom Seufzen der Armen um Mitternacht wissen, damit sie nicht durch Nachlässigkeit auf den Pfad des Verderbens geraten und ihren Anteil am Baum des wahren Reichtums verscherzen. Freigebigkeit und Großmut sind Meine Zeichen. Wohl dem, der den Schmuck Meiner Tugenden anlegt!

Bahá´u´lláh
Verborgene Worte, S. 55

O ihr Reichen auf Erden!
Die Armen in eurer Mitte habe ich euch anvertraut, darum behütet die euch Anvertrauten und trachtet nicht nur nach eurem eigenen Wohlergehen.

Bahá´u´lláh
Verborgene Worte, S. 57

Sie nahmen das Land und begannen, die Erde auf-zureißen auf der Suche nach einem strahlenden Metall.

"Warum tut ihr das?" fragten die Ureinwohner.

"Weil es uns reich macht!"

"Reich an was?"

"Reich an Energie und an Geld."

"Und was macht ihr mit dieser Energie und dem Geld?"

"Wir leben davon."

"Aber dazu müsst ihr doch nicht das Land zerstören, von dem wir alle leben können!"

18

ES IST GENUG FÜR ALLE DA

In der Vergangenheit war das Handeln der Menschen häufig von dem Gedanken besessen, das, was man zum Leben benötige, müsse man sich erobern. Ganze Staats- und Gesellschaftssysteme wurden auf die Idee des Raubes gegründet. Vom Trojanischen Krieg über die Epoche des Kolonialismus bis zum Dritten Reich, aber auch in unserer Zeit noch wurden und werden Besitzverhältnisse nach den Methoden des Freibeutertums geschaffen: Obwohl eine nüchterne Analyse der Folgen solchen Handelns beweist, dass auf diese Weise bestenfalls kurzfristig, niemals aber auf lange Sicht mehr zu gewinnen als zu verlieren ist. Wenn es auch heute noch Staaten und Volksgruppen gibt, die nach diesen Methoden verfahren, so zeigt das die tiefe Irrationalität ihres Handelns.

Die Vorstellungen, die dem zu Grunde liegen, beruhen auf den Erfahrungen frühgeschichtlicher Epochen.

In Zeiten, als Menschen noch keine Methoden der Viehzucht und des Ackerbaus entwickelt hatten, mussten sie tatsächlich mit anderen Gruppen oder Tieren um die Nahrung konkurrieren, was häufig gewaltsam geschah.

Wenn diese Methoden über Jahrtausende beibehalten wurden, obwohl die wirtschaftliche Entwicklung dies nicht mehr erforderte, so müssen andere Gründe als der bloße Selbsterhaltungstrieb dafür verantwortlich sein.

Seit Menschen durch ihre Arbeit mehr Wert schaffen können als sie zum Überleben benötigen, ist der Aufbau friedlicher Gesellschaftssysteme möglich. Wenn dies dennoch nicht geschieht, dann liegt es daran, dass sich Gruppen von Menschen systematisch den von Anderen geschaffenen Mehrwert aneignen, was hierarchische Machtverhältnisse voraussetzt. Zu diesem Ergebnis kam bereits Marx Mitte des 19. Jahrhunderts. Er zog daraus den Schluss, man müsse nur die Herrschafts- und Produktionsverhältnisse ändern, um schrittweise die Bedingungen für eine gerechte Gesellschaftsform zu schaffen. Wie sich herausgestellt hat, beruhte diese Vorstellung auf einer Illusion. Menschen werden offensichtlich nicht bereits dadurch besser, dass ihnen Arbeit und ein gesicherter Lebensunterhalt garantiert wird. Solange sie nicht ihr Leben und Handeln auf selbständig erkannte und für verbindlich erachtete ethische Werte gründen, wird sich an ihrem Verhalten und damit auch an den gesellschaftlichen Verhältnissen nichts grundsätzlich ändern.

Unser mit materiellen Errungenschaften gesegnetes Zeitalter bietet in nie gekanntem Ausmaß die Möglichkeit, alle Menschen des Planeten ausreichend mit dem zu versorgen, was sie für ein Leben in bescheidenem Wohlstand und Würde benötigen. Wenn dies aber heute weniger als je zuvor der Fall ist, so liegt das daran, dass die Wertvorstellungen der Machteliten aber auch vieler anderer Menschen eine gerechte Verteilung der materiellen Ressourcen verhindern. Unzähligen Erdbewohnern wird dadurch die Chance genommen, sich aus eigener Kraft zu ernähren und ihren Kindern die Ausbildung zu gewähren, die sie für ihre Entwicklung benötigen.

Machtstreben und Habgier sind immer noch Hauptmotive politischen und gesellschaftlichen Handelns. Sie sorgen nicht nur dafür, dass große Teile der Menschheit ihrer elementaren Rechte beraubt sind, sondern verhindern auch grundsätzlich gesellschaftlichen Fortschritt. Wo immer sie vorherrschen, können wir sicher sein, dass die von diesen niederen Trieben erfassten und die davon betroffenen Menschen ihrer Chance beraubt werden, ein menschenwürdiges Leben zu führen. Nicht nur den Opfern wird die Möglichkeit genommen, ihr menschliches Potential zu entfalten, auch die Täter rauben sich durch ihre Orientierung an egoistischen Wertvorstellungen die Gelegenheit zu geistigem Wachstum, dem wichtigsten Teil der Menschwerdung.

In den vorangegangenen Kapiteln wurde zu zeigen versucht, dass die Orientierung an geistigen Werten, die auf einer Analyse biologischer, physikalischer, psychologischer und sozialer Gesetzmäßigkeiten beruhen, allen Beteiligten, Handelnden wie Betroffenen, reichen Gewinn bringt. Diese Werte sind identisch mit den ethischen Grundregeln, die von den Stiftern der Weltreligionen als Ausdruck göttlichen Willens offenbart wurden. Sie sind eine Art Leitfaden der Erziehung des Menschengeschlechts, das Geschenk eines liebenden Gottes an seine Geschöpfe. Sie stehen jedem zur Verfügung, der guten Willens ist. Die menschliche Entscheidungsfreiheit wird dadurch nicht angetastet. Wir können uns bemühen, ihre Wirksamkeit zu erkennen, ihre Heilkraft zu erproben und sie zur Quelle persönlichen und gesellschaftlichen Glücks werden zu lassen. Aber wir können sie auch zu unserem eigenen Schaden ignorieren oder verwerfen.

Ein Spiel, bei dem alle Beteiligten gewinnen können, bezeichnet man als Plussummenspiel. In dem folgenden Abschnitt soll gezeigt werden, dass eine Orientierung an den in diesem Buch beschriebenen geistigen Gesetzen nicht nur in persönlichen und engeren sozialen Bezügen, sondern auch im globalen Rahmen Gewinn verheißt.

Ein Rückblick auf die Menschheitsgeschichte ergibt, dass seit 3600 vor Christus bis zum Jahre 1960 weltweit 14513 Kriege geführt wurden, bei denen 3,5 Milliarden Menschen ums Leben kamen. Für Rüstung gaben die Staaten der Welt im Jahre 1987 mehr als 1800 Milliarden Mark aus. In der Zeit von 1945 bis 1990 ist die Zahl der regionalen Kriege ständig gestiegen.

Nach Einschätzung von Fachleuten, die im Jahre 1997 auf dem Microkredit-Gipfel in Washington zusammenkamen, würden 21,6 Milliarden Dollar ausreichen, um die Hälfte der unter dem Existenzminimum lebenden Menschen, das sind etwa 100 Millionen Familien, aus bitterster Armut zu befreien und ihnen ein aus eigener Kraft aufgebautes Leben zu ermöglichen.

Armut ist heute eine der Hauptursachen für eine Vielzahl globaler Probleme. Sie führt zu Umweltzerstörung durch Raubbau und Überweidung, verursacht Kriege um Land, Wasserrechte und andere natürliche Ressourcen, ist eine Haupttriebkraft der Bevölkerungsexplosion, bedingt Flüchtlingsströme, hat die Verlagerung von Arbeitsplätzen in Billiglohnländer zu Folge und verursacht dadurch Arbeitslosigkeit in den reichen Ländern.

Außerdem sorgt die Verelendung von Milliarden Menschen dafür, dass die Absatzmärkte schrumpfen.

Mit anderen Worten: Im Zeitalter der Globalisierung tritt die menschliche Gesellschaft in eine Phase ein, in der es nicht mehr möglich ist, dass sich einzelne Teile des Gesamtorganismus ungestraft auf Kosten anderer bereichern. Die Probleme, die ungerechte Handelsgesetze, Ausbeutung von Menschen und Rohstoffen und der Ausschluss großer Teile der Welt von wichtigen Entscheidungsprozessen verursacht haben, beginnen auf die Urheber und Nutznießer der Ungerechtigkeit zurückzuwirken.

Es wird höchste Zeit, dass sich die Völker der Welt an den Werten und Prinzipien orientieren, die nicht nur das Überleben der Menschheit, sondern den Aufbau einer weltweiten friedlichen, menschenwürdigen und gerechten Gesellschaftsordnung ermöglichen.

Eine Reihe von Fakten deutet darauf hin, dass die Entwicklung in die richtige Richtung geht. Seit der von Michail Gorbatschow initiierten Beendigung des Kalten Krieges sind die weltweiten Rüstungsausgaben verglichen mit 1987, dem Jahr ihres Höchststandes, um ein Drittel auf rund 1231,5 Milliarden Mark gesunken.

Wurde 1960 noch mehr Geld für Rüstung als für Bildung und Gesundheit zusammen ausgegeben (109,1 %), so hat sich dieses Verhältnis deutlich verbessert. 1990/91 war der Anteil der Rüstungsausgaben auf 38,1 % gesunken. Es ist in diesem Zusammenhang aufschlussreich, dass gerade in den ärmsten Ländern der Welt dieses Verhältnis am schlechtesten ist. In den 44 am wenigsten entwickelten Ländern beträgt der Rüstungsetat 72,4 % des Bildungs- und Gesundheitsetats. Dies deutet darauf hin, dass Armut ein gefährliches Konfliktpotential enthält. Es sollte in diesem Zusammenhang allerdings nicht vergessen werden, dass das Profitinteresse der Waffen exportierenden Länder diese selbstmörderische Gewichtung erst ermöglicht. Zudem werden durch Waffenexport antidemokratische Kräfte in vielen armen Ländern an der

Macht gehalten, wodurch deren menschenwürdige Entwicklung verhindert wird.

Rüstung ist nach wie vor ein zuverlässiger Indikator für Ungerechtigkeit. Sie weist darauf hin, dass im Verhältnis der Staaten oder innerstaatlich kein Gleichgewicht herrscht, was sowohl Ängste als auch Aggressionen auslöst.

Rüstungsanstrengungen finden einerseits dort statt, wo der Versuch gemacht wird, ungerechte innerstaatliche Machtverhältnisse aufrechtzuerhalten. Sie werden hier meist mit äußeren Bedrohungen begründet, einer beliebten Methode, um von inneren Konflikten abzulenken. Aber auch im Falle tatsächlicher Bedrohung von außen lässt dies auf Probleme schließen, für die bisher keine gerechten Lösungen gefunden wurden. Der Versuch, diese durch Rüstungsanstrengungen zu erreichen, sorgt in der Regel dafür, dass gerade dieses Ziel in noch weitere Ferne gerückt wird. Rüstung bedeutet Misstrauen und wird dadurch zum Haupthindernis für friedliche Konsensfindung. Insofern ist in der Verminderung der Rüstungsausgaben ein deutlicher Fortschritt hin zu friedlichen Konfliktlösungen zu erkennen, auch wenn diese noch längst nicht von allen Staaten angewandt wird.

Wenn man bedenkt, dass jeder Euro, der für Rüstung ausgegeben wird, letztlich in der Gesundheitsversorgung, Erziehung und Ausbildung fehlt und damit nicht dazu benutzt werden kann, die Ursachen für Konflikte zu bekämpfen und menschenwürdige Lebensbedingungen zu schaffen, dann wird die Absurdität dieser Ausgabenverteilung klar. Dies ist etwa so, als wolle man Krankheit beseitigen, indem man die Kranken tötet und die Krankheitskeime weiter verbreitet.

Überall da, wo statt der Ursachen nur Auswirkungen von Problemen bekämpft werden, kann man sicher sein, dass die Probleme wachsen. So gibt der Staat Kalifornien inzwischen mehr Geld für Straffällige aus als für die Erziehung und Bildung der Jugend, was dazu führt, dass der Nachschub für die Gefängnisse nicht ausbleibt.

Ein herausragendes Beispiel dafür, wie solche Probleme gelöst werden können, liefern gegenwärtig brasilianische Millionenstädte wie Curitiba. Dort wurde im Zuge der Umsetzung der AGENDA 21 in enger Zusammenarbeit von Bürgerinitiativen, Politik und Verwaltung erreicht, die Arbeitslosigkeit und Kriminalität nahezu zu beseitigen. Voraussetzung dafür war ein kommunaler Beratungsprozess auf Stadtteilebene, an dem die betroffenen Bürger gleichberechtigt teilnahmen. Vor allem aber die flächendeckende Erziehung der Jugend, die systematisch in allen Schulen zu einem umweltbewussten und sozial orientierten Handeln motiviert wurde, schuf die Bedingung für den Erfolg. Erziehung und Bildung erwiesen sich als die Hauptmotoren der Entwicklung. In 6 Jahren wurde das für unmöglich Gehaltene geleistet, und zwar aus eigenen Kräften und Mitteln. In Curitiba kann heute jeder zu erschwinglichen Preisen öffentliche Verkehrsmittel benutzen, die im 1- bis 2-Minuten-Takt fahren, ein wesentlicher Schritt hin zu einer saubereren Umwelt. Jeder Jugendliche im Alter von 14-17 Jahren erhält parallel zum verpflichtenden Schulbesuch eine Ausbildung zum Gärtner, Verkäufer oder Umweltfachmann und bekommt für seine vierstündige Arbeit die Hälfte des gesetzlichen Mindestlohns und eine Mahlzeit.

Auch in anderen globalen Kernfragen zeichnen sich Lösungsmöglichkeiten in dem Maße ab, wie sich Menschen dafür einsetzen. Das Problem der Umweltverschmutzung durch Verbrennung fossiler Brennstoffe wie Kohle, Öl, Gas aber auch die Bedrohung durch Atomkraftwerke sind durch staatliche Finanzierungshilfen im Bereich der Photovoltaik (Solarstromerzeugung) innerhalb weniger Jahre zu verringern bzw. zu beseitigen. Durch den Einsatz von Privatunternehmern und Bürgerinitiativen aber auch staatlicher Entwicklungshilfeorganisationen wie der Gesellschaft für Technische Zusammenarbeit wurden auf lokaler Ebene in verschiedenen Kontinenten bereits erste Schritte hin zu einer solaren Trendwende eingeleitet. Auch in Deutschland ist es zum Teil schon möglich, sich mit Wind- und Solarstrom selbst zu versorgen und Überschüsse zu verkaufen.

Dies sind wichtige Entwicklungen zu größerer lokaler Unabhängigkeit in Energiefragen und damit zu mehr Gerechtigkeit. Gerade in technisch wenig entwickelten Ländern ist der Einsatz von Solarstrom billiger als der Aufbau einer zentralen Stromversorgung durch Verkabelung. In afrikanischen Ländern, die besonders von Versteppung und Wüstenbildung durch

Brennholzgewinnung bedroht sind, können Umwelt- und Hungerkatastrophen auf diese Weise verhindert und Wiederaufforstung möglich gemacht werden.

Das Ernährungsproblem ist ein weiteres Gebiet, auf dem eine ethische Wertorientierung eine Trendwende einleiten kann. Heute werden in den entwickelten Ländern etwa zwei Drittel der Getreideproduktion an Vieh verfüttert. Um ein Kilo Rindfleisch zu produzieren, müssen 20 Kilo Getreide verfüttert werden. Das Übermaß an Fleischkonsum verursacht eine Vielzahl von Zivilisationskrankheiten, ist also auch für die Verbraucher schädlich. Würden alle Erdbewohner so verschwenderisch wie zum Beispiel die Deutschen (488 kg pro Kopf) Getreide verbrauchen bzw. verfüttern, hätte die 1990 produzierte Gesamtgetreidemenge nur für 3,5 Milliarden Menschen gereicht. Bei einem Verbrauch, der den durchschnittlichen menschlichen Kalorienbedarf berücksichtigt und einem Viehfutteranteil von 47 %, hätte die gleiche Menge für 6,3 Milliarden Menschen ausgereicht.

Noch krasser sind die Verhältnisse beim Energieverbrauch. Zwanzig Prozent der Weltbevölkerung, nämlich die in den technisch entwickelten Ländern lebenden Menschen, verbrauchen etwa 80 % der Energie. Würde in allen Ländern ähnlich verschwenderisch mit Energie umgegangen, wäre die Erde längst unbewohnbar geworden.

Auch die andere Seite des Ernährungsproblems, das ständige Anwachsen der Erdbevölkerung, ließe sich durch effektive Armutsbekämpfung in entwicklungsverträgliche Bahnen lenken. Durch zahlreiche Untersuchungen wurde nachgewiesen, dass hohe Fortpflanzungsraten vor allem durch das Fehlen einer sozialen Absicherung bedingt sind. In Ländern, in denen Armut ein strukturelles Problem ist, sehen sich Eltern gezwungen, zahlreiche Nachkommen in die Welt zu setzen, damit sie im Alter versorgt sind. Überall da, wo Menschen die Möglichkeit gewinnen, finanzielle Rücklagen für die Altersversorgung zu bilden, geht die Kinderzahl deutlich zurück, vor allem dort, wo Frauen sich durch Zugang zu Bildung und finanzieller Selbständigkeit aus ihrer Abhängigkeit vom Mann befreien können. Den Beweis dafür erbringen zum Beispiel Mikrokreditprogramme wie das der GRAMEEN-Bank aus Bangladesh, das inzwischen in über 50 Ländern Nachahmer gefunden hat.

Die genannten Beispiele zeigen zweierlei: Trotz des beträchtlich fortgeschrittenen Raubbaus kann die Erde noch immer sogar eine noch anwachsende Menschheit mit allem versorgen, was sie benötigt. Es ist genug für alle da.

Es geht lediglich darum, unter Berücksichtigung geistiger Gesetzmäßigkeiten und auf demokratischer Grundlage globale Regelungen zu schaffen, die die Jahrhunderte lange Benachteiligung von Menschengruppen, Völkern und ganzen Erdteilen beenden.

Denn nur so wird dieser Planet in Zukunft ein Ort sein, in dem es sich zu leben lohnt.

Wir sollten so einsichtsfähig sein, nicht weiter auf Kosten anderer Menschen und zukünftiger Generationen leben zu wollen. Zumal dieses Leben offensichtlich wenig Glück und Zufriedenheit verheißt. Eine 1999 durchgeführte Befragung ergab, dass die unzufriedensten Menschen gegenwärtig in den reichen Ländern leben, während trotz materiellem Mangel die Zufriedenheit in einigen sogenannten Entwicklungsländern am höchsten war.

Das Wort Gottes ist eine Lampe, deren Licht
der Satz ist: Ihr seid die Früchte eines
Baumes und die Blätter eines Zweiges.
Verkehrt miteinander in inniger Liebe und
Eintracht, in Freundschaft und
Verbundenheit. Er, die Sonne der Wahrheit,
bezeugt Mir: So machtvoll ist das Licht der
Einheit, dass es die ganze Erde erleuchten
kann.

Bahá ´u ´lláh
Ährenlese, 132:3

Die Wohlfahrt der Menschheit, ihr Friede und
ihre Sicherheit sind unerreichbar, wenn und
ehe nicht ihre Einheit fest begründet ist.

Bahá ´u ´lláh

Ährenlese 131:2

Zwei Einsiedlerkrebse hatten viele Jahre ihres Lebens nebeneinander in Schneckenhäusern verbracht. Es kam die Zeit, wo ihre Wohnungen zu eng wurden, denn sie waren stark gewachsen. Der eine Krebs hatte sich schon lange nach einer neuen Behausung umgeschaut und ein viel größeres und schöneres Schneckenhaus in einiger Entfernung entdeckt. Nun zog er vorsichtig sein ungepanzertes Hinterteil aus dem Schneckengang, der ihm so lange Schutz geboten hatte, krabbelte so schnell er konnte zu seiner neuen Wohnstätte und schlüpfte hinein.

Sie bot genügend Raum für weitere Jahre.

Der andere Krebs hatte sich bei jeder drohenden oder auch nur eingebildeten Gefahr immer tiefer in sein Schneckenhaus zurückgezogen. Nur dort fühlte er sich wohl, was nicht verwunderlich war, denn er kannte nichts anderes. Jetzt aber begann das Gehäuse schmerzhaft auf seinen Hinterleib zu drücken. Er ertrug die Schmerzen mit großer Geduld, aber irgendwann wurden sie zu groß, und er suchte verzweifelt nach einem Ersatzhaus in der Nähe. Aber keines erschien ihm geeignet. Als er endlich doch eines gefunden hatte, das ihm richtig vorkam, und er sein Haus verlassen wollte, stellte er fest, dass er festgewachsen war und sich nicht mehr bewegen konnte.

19

DIE VISION VON DER EINHEIT DER MENSCHHEIT

Der Gedanke von der Einheit des Seins ist vermutlich so alt wie die Menschheit. Bereits steinzeitliche Mythen stellten den Menschen als einen Teil des Schöpfungsganzen dar. Die Philosophen Thales, Anaxagoras, Heraklit und andere entwickelten ihre Denksysteme ausgehend von der Vorstellung der Einheit des Kosmos (Ordnung) und knüpften damit an orientalische und fernöstliche Traditionen an. Ihrer Lehre vom Weltall entsprach es, auch die Menschheit als Ganzes zu sehen und die Zusammengehörigkeit aller Menschen zu betonen.

Diese Idee musste Fernvision bleiben, solange sich die Menschheit in voneinander weitgehend isolierten Siedlungsgebieten auf dem Erdball entwickelte.

Auch der christliche Offenbarungsimpuls der Nächstenliebe beruhte seinem Wesen nach auf der Vision der Einheit aller Menschen.

Die monistische, von einem Urprinzip ausgehende Sichtweise änderte sich im Abendland als das dualistische Denken des Aristoteles Eingang in die christliche Theologie fand. Die Einheit des Seienden wurde aufgespalten in den unversöhnlichen Gegensatz zwischen Idee und Materie, Seele und Körper, denen die Aspekte Gut und Böse zugeordnet wurden. Mit der Vorstellung der Dominanz des Geistlichen über das

Weltliche verband die Kirche einen realen Vorherr-
schaftsanspruch. Die Verteufelung der Wissenschaft
fand in der Verbrennung der 700.000 Schriftrollen der
Bibliothek von Alexandria, die das gesammelte Wissen
der Antike bewahrte, im Jahre 391 n. Chr. unter dem
orthodoxen Patriarchen Theophilus ihren ersten dra-
matischen Höhepunkt.

Erst im 7. Jahrhundert n. Chr. befreite der Prophet
des Islam mit seinem Gebot, die alten Wissenschaften
zu studieren, zu übersetzen und weiter zu entwickeln
das wissenschaftliche Denken, das in Europa ein Jahr-
tausend lang durch den alleinigen Wahrheitsanspruch
der Kirche blockiert wurde. Die Renaissance der Wissenschaften im arabischen Raum hatte eine beispiello-
se Blüte islamischer Kultur zur Folge, die im Laufe der
folgenden Jahrhunderte auch auf das Abendland aus-
strahlte. Mit dem Vordringen des Islam nach Spanien
und als unfreiwilliges Nebenprodukt der Kreuzzüge
gelangten wissenschaftliche Kenntnisse und Errungenschaften nach Westeuropa und begannen einen
Wandel des Denkens herbeizuführen. Die abendländi-
sche Wissenschaft befreite sich schrittweise aus der
Abhängigkeit von kirchlichen Dogmen und leitete
schließlich die wissenschaftlich-technische Revolution
ein.

Erst jetzt, durch die Ergebnisse der industriellen
Revolution, die durch die Ausweitung des weltweiten
Verkehrs in alle Teile der Welt getragen wurden, wa-

ren die materiellen Voraussetzungen für die Verwirklichung der Einheit der Menschheit geschaffen.

Dieser Zeitpunkt war auch die Geburtsstunde eines neuen Offenbarungsimpulses, der von Anfang an die Einheit von Geist und Materie, die Wechselwirkung von Religion und Wissenschaft verkündete.

Sein Urheber, ein Mann aus altem persischen Adelsgeschlecht, erklärte im Jahre 1862 in Bagdad, der von den vorangegangenen Religionsstiftern angekündigte Gottesoffenbarer für das nun anbrechende Zeitalter zu sein. Er erklärte, dass sein Erscheinen das Zeitalter der Reife der Menschheit vorbereite.

Er sagte voraus, dass in den kommenden Jahren gewaltige technische Umwälzungen bevorstünden, die dafür die materiellen Voraussetzungen legen würden. Weltweite Kommunikationsmittel würden erfunden werden, aber auch Massenvernichtungsmittel von nie gekannter Wirkung. Durch sie wäre es möglich unvorstellbares Leid über die Menschheit zu bringen, oder aber die Einheit der Menschheit zu begründen. Diese Einheit müsse die Vielfalt der menschlichen Rassen und Kulturen achten und fördern, gleichzeitig aber weltweite Gerechtigkeit ermöglichen. Er wies darauf hin, dass der wichtigste Schritt zur Lösung der schwelenden Konflikte in der Anerkennung der Erkenntnis bestehe, dass alle Menschen auf diesem Planeten Teile der einen Menschheit sind, von Gott alle aus dem gleichen Staube erschaffen und mit der Fähigkeit ausgestattet, Ihn zu erkennen, Seinen Gesetzen zu folgen und sich und die menschliche Gesellschaft weiterzuentwickeln.

Indem sie ihre gegenseitigen Vorurteile abbauten und aufhörten, ihre Interessen über die anderer Menschen zu stellen, würden sie ihre Konflikte überwinden und eine friedvolle gemeinsame Zukunft begründen.

Eine demokratisch gewählte und alle Teile der Menschheit gleichberechtigt vertretende Weltregierung, ein Weltparlament müsse geschaffen werden. Diese Institution würde dafür Sorge tragen, dass die übergeordneten Belange der Menschheit nicht begrenzten nationalen oder anderen Teilinteressen geopfert würden.

Ein Weltgerichtshof und eine Exekutive würden dafür sorgen, dass Verstöße gegen das Gemeinwohl unverzüglich geahndet werden könnten.

Alle Staaten müssten so weit abrüsten, wie zur Aufrechterhaltung ihrer inneren Ordnung erforderlich sei.

Eine übernationale Eingreiftruppe müsse aufgebaut werden, die Übergriffe eines Staates auf andere zuverlässig verhindern könne.

Eine einheitliche Weltwährung werde im Rahmen global gültiger Gesetze dafür sorgen, das niemand mehr ungerechtfertigt Vorteile aus seiner nationalen Zugehörigkeit ziehen könne.

Die Einführung einer Welthilfssprache, die alle Bewohner der Erde neben ihrer Muttersprache erlernten, werde jeden in die Lage versetzen, sich mit jedem anderen Menschen zu verständigen.

Durch gegenseitigen Austausch, Verständigung und gleichberechtigte Beratungen werde die Grundlage für friedliche Konfliktlösungen geschaffen und der Aufbau einer ständig fortschreitenden Weltzivilisation vorangetrieben werden.

Bahá'u'lláh, der Verkünder dieser Botschaft, schickte Sendschreiben an die weltlichen und religiösen Führer der damaligen Zeit, in denen er sie aufforderte, seinen Anspruch zu prüfen und einen Konsultationsprozess einzuleiten, um über die erforderlichen Schritte zu beraten. Täten sie dies, würden sie den Grundstein für ein Zeitalter des Größten Friedens legen. Andernfalls würden Katastrophen nie gekannten Ausmaßes über ihre Völker hereinbrechen und sie würden ihre Macht verlieren.

Die damaligen Herrscher mit Ausnahme der englischen Königin Viktoria wiesen die Aufforderung zurück und das Vorausgesagte trat ein.

Nach dem Ende des ersten Weltkrieges wurde mit der Gründung des Völkerbundes ein erster halbherziger Versuch gestartet, ein internationales Gremium zu schaffen, das Konflikte zwischen den Völkern friedlich regeln sollte. Es scheiterte an der fehlenden Gleichberechtigung der vertretenen Nationen und daran, dass viele der beigetretenen Nationen es zum Durchsetzungsinstrument ihrer egoistischen Interessen zu machen versuchten.

Die fehlende Einsicht, dass die nationale Souveränität zugunsten übergeordneter Menschheitsinteressen eingeschränkt werden müsse, verhinderte, dass der Völkerbund die in ihn gesetzten Hoffnungen erfüllen konnte.

Mit dem Ende des zweiten Weltkrieges wurde ein neuer Versuch gestartet, die Idee einer alle Völker der Welt repräsentierenden Versammlung zu verwirklichen. Die Gründung der UNO am 24. 10. 1945 bedeutete einen sichtbaren Fortschritt, da sie im Gegensatz zum Völkerbund, der nie mehr als 59 Mitgliedstaaten zählte, nahezu alle Nationen der Welt vertrat. Aber auch hier gelang es einigen Mächten, sich Sonderrechte vorzubehalten wie das Vetorecht, mit dem jedes der fünf ständigen Mitglieder des Sicherheitsrates Entscheidungen blockieren kann, die seinen nationalen Interessen widersprechen. Inzwischen hat sich in einer Reihe von internationalen Konflikten gezeigt, dass die Vereinten Nationen aufgrund ihrer gegenwärtigen Verfassung noch nicht die an sie gestellten Erwartungen der Kriegsprävention und der friedlichen Lösung von Konflikten erfüllen können.

Im Jahre 1992 wurde deshalb auf Anregung von Willy Brandt die Commission on Global Governance gegründet, die Vorschläge zu einer Reform der Vereinten Nationen ausarbeitete. Auch die von Richard von

Weizsäcker geleitete Unabhängige Arbeitsgruppe über die Zukunft der Vereinten Nationen, die 1995 ins Leben gerufen wurde, hat sich zum Ziel gesetzt, bei der Entwicklung konzeptioneller Vorschläge für eine Anpassung der internationalen Institutionen an die heutigen Bedürfnisse der Menschheit mitzuwirken.

Die Vorschläge betreffen folgende Punkte: Eine Erweiterung der Charta, in die auch die "Bewahrung der Integrität der Leben erhaltenden Systeme des Planeten" aufgenommen werden soll, eine Reform des Sicherheitsrates mit Einschränkung des Vetorechts, die Stärkung der UN-Generalversammlung und der Aufbau eines Informationssystems zur Früherkennung von Gefahrenherden. Der Sicherheitsrat soll die Befugnis erhalten, auch innerhalb von Staaten humanitär erforderliche Maßnahmen zu ergreifen, eine UN-Freiwilligentruppe soll gebildet werden, die für schnelle Einsätze unter dem Befehl des Sicherheitsrates zur Verfügung steht, Waffenproduktion und -handel sollen unter internationale Kontrolle gestellt werden und globale Abrüstungsvereinbarungen getroffen werden. Ein Rat für Wirtschaftliche Sicherheit soll Konsens in wirtschaftlichen Fragen im Sinne einer nachhaltigen Entwicklung fördern, außerdem sollen Regeln für den globalen Wettbewerb erlassen werden und eine Aufsichtsbehörde errichtet werden. Schließlich soll eine internationale Steuer auf Devisentransaktionen erhoben und eine internationale Besteuerungsgrundlage für multinationale Unternehmen geschaffen werden.

Alle diese Vorschläge zeigen, wie weit sich in den Reihen der politisch Verantwortlichen bereits die Überzeugung durchgesetzt hat, dass es bedeutender Veränderungen bedarf, um die politischen Institutionen den Erfordernissen der Zeit anzupassen. Es ist höchst interessant zu sehen, dass die Analyse der heutigen globalen Probleme und ihrer Ursachen Wissenschaftler und politische Vordenker zu ähnlichen Schlussfolgerungen bringt, wie sie der Stifter der jüngsten Weltreligion in noch weitreichenderem Maße vor 150 Jahren verkündet hat. Könnte dies ein Hinweis darauf sein, dass es sich für die Menschheit lohnen würde, wenn sie sich erneut mit dem Gültigkeitsanspruch religiöser Offenbarung auseinandersetzte?

Was hätte sie dadurch zu verlieren?

Wenn Naturgesetze und die durch Religionen offenbarten geistigen Gesetze nur verschiedene Aspekte der einen Wirklichkeit beleuchten, dann müsste es nach dem Gesetz der Polarität fruchtbringend sein, diese unterschiedlichen Gesichtspunkte in gemeinsamen Beratungen zusammenzubringen. Vielleicht könnten dadurch schneller und wirksamer Antworten auf die drängenden Probleme unserer Zeit gefunden werden. Auf jeden Fall wäre es ein Beitrag zur Überwindung der über Jahrhunderte unüberbrückbar erscheinenden Kluft zwischen Wissenschaft und Religion, die sich mit dem Anspruch der Kirche auftat, im alleinigen Besitz der Wahrheit zu sein.

Dass dieser Dialog bereits begonnen hat, zeigen die 1998 begonnenen Gespräche zwischen Vertretern der Weltbank und von neun Weltreligionen zu dem Thema "Werte, Normen und Armut: Eine Beratung über den Weltentwicklungsreport 2000/1", oder die Konferenz der Religionen zum Schutz der Umwelt, die 1995 vom World Wide Fund for Nature (WWF) in Schloss Windsor veranstaltet wurde.

Der Beschluss über die Errichtung eines Internationalen Strafgerichtshofes, der von 120 Staaten im Juli 1998 gefasst wurde, ist ein Zeichen für die wachsende Entschlossenheit, die Einhaltung der Menschenrechte weltweit zu garantieren. Die Zeit hat begonnen, in der Despoten und Massenmörder in staatlichen Führungspositionen keine Immunität mehr genießen und für ihre Taten zur Verantwortung gezogen werden.

Wurde noch vor zehn Jahren die Idee einer Weltregierung trotz der Bemühungen um die europäische Vereinigung, teilweise aber auch wegen der in Brüssel herrschenden Missstände, von den Meisten als illusionäre Wahnvorstellung angesehen, so setzt sich mit dem Anwachsen der durch die Globalisierung verursachten Probleme zunehmend die Überzeugung durch, dass eine solche Institution vermutlich unverzichtbar ist. Denn ohne die Einführung und Überwachung weltweit verbindlicher Gesetze wird die Welt im Chaos versinken, das die anarchisch verfolgten Profitinteressen der Global Players anrichten. Die Globalisierungsfalle wird zuschnappen, das Recht des Stärkeren wird triumphieren und die zivilisatorischen Errungenschaften der Vergangenheit werden zunichte gemacht werden. Statt des Menschenrechts auf Sicherung des Lebensunterhalts durch Arbeit, auf angemessene Erziehung, auf geistige Entwicklung, auf persönliche Erfüllung wird die Freiheit des jeweils dominierenden Wirtschaftsunternehmens treten, seine Ziele auf Kosten der Mehrheit durchzusetzen.

Die Menschheit ist an einem entscheidenden Punkt ihrer Geschichte angelangt. Die nächsten Jahre und Jahrzehnte des angebrochenen Jahrtausends werden zeigen, ob genügend verantwortungsbewußte und engagierte Bürger und Führungskräfte die Erfordernisse unseres Zeitalters erkannt haben.

Werden sie ihr kreatives Potential nutzen, werden sie die ungeheure Chance nutzen, die in der menschlichen Vielfalt liegt? Werden sie ihre Vorurteile und überkommenen Vorstellungen überwinden, sich an einen Tisch setzen und gemeinsam und gleichberechtigt über die eigene Zukunft beraten können?

Werden sie die Gesetzmäßigkeiten ihres Lebens erkennen, den von Gott gewiesenen Weg gehen, aus dem Schatten ihrer Vergangenheit heraustreten und ein Zeitalter der Völkerverständigung und der gegenseitigen Achtung und Liebe anbrechen lassen?

Die Chancen stehen günstig, aber sie verschlechtern sich mit jedem Tag, der abgewartet und gezögert wird.

Es ist Zeit, bei sich selbst zu beginnen.

LITERATURHINWEISE

´Abdu´l-Bahá, Briefe und Botschaften, Hofheim 1998

´Abdu´l-Baha, Kleine Auswahl aus Seinen Schriften, Hofheim 1980

Bahá´u´lláh, Ährenlese, Eine Auswahl aus den Schriften Bahá´u´lláhs, Hofheim 1999

Bahá´u´lláh, Die Verborgenen Worte, Hofheim 1997

Textzusammenstellungen

O.P.Ghai (Hg.), Einheit in der Vielfalt. Die eine Wahrheit in den Schriften aller Religionen, Hofheim 2000

Liebe und Ehe, Hofheim 1981

J.Paine (Hg.), Göttliche Lebenskunst, Hofheim 1985

Weitere Literatur

Club of Rome, Die Grenzen des Wachstums, Reinbek

D. Goeudeveert, Wie ein Vogel im Aquarium, Frankfurt/M.

P. Spiegel u.a., Chancen, Projekte zur nachhaltigen Gestaltung der Globalisierung, Stuttgart 1999.

Roland Greis studierte Germanistik, Anglistik und Philosophie und arbeitete von 1977 bis 2015 als Gymnasiallehrer, zwischendurch 6 Jahre an einer Waldorfschule. Danach Fortbildung in Montessori-Pädagogik. Ab 2000 bildete er Schüler-Streitschlichter aus. Heute ist er als Autor, Bildhauer und Maler tätig.

Publikationen bei **tredition**:

Flugversuche: 160 Gedichte aus 4 Jahrzehnten, 188 Seiten

Der Mann, der sich Vincent nannte: Eine satirische Doppelbiografie über die Pervertierung des Kunstmarktes durch die Geldeliten, 150 Seiten

Loser oder was? - Gemeinsam gegen Mobbing: Tagebuchbericht eines 15Jährigen, 108 Seiten

Was Kinder brauchen: 30 Gedichte für Eltern und eine Reportage über ein Erziehungsprojekt, 80 Seiten

Reise ins Land der Monster: Eine Parabel über die Zerstörung des Regenwaldes, 50 Seiten

Der Wunderwald: Ein Kinderbuch mit 40 Aquarellen zur Rettung der Regenwälder, 52 Seiten

Zeitfracht Medien GmbH
Ferdinand-Jühlke-Straße 7
99095 Erfurt, Deutschland
produktsicherheit@kolibri360.de